ここにしかない大学

APU学長日記

出口治明
立命館アジア太平洋大学（APU）学長

日経BP

ここにしかない大学　ＡＰＵ学長日記

はじめに

「学長！　マラウイに知り合い、いませんか？」

ふらりと学長室を訪ねてきたのは、卒業を間近に控えた一人の学生でした。どうしたのかと尋ねると、卒業したら10年間、アフリカのマラウイに渡って働くつもりだというのです。

「大学2回生のときにマラウイに行って、人々の優しさや温かさに感銘を受けました。まだ主たる産業がない大変貧しい国ですが、僕には夢があります。マラウイで活動して、国を盛り上げることです。そして年に3人ぐらいは、APUにマラウイの将来を担う地元の学生を送り込みたい。学長は顔が広いと聞きました。マラウイのことを知っている人をぜひ紹介してください」

「そういうことなら」と、僕はマラウイに住んだことがある知り合いを2人紹介しました。このようなユニークな学生がたくさんいるのが、僕が学長を務めている立命館アジア太平洋大学――APU（Ritsumeikan Asia Pacific University）なのです。

＊　＊　＊

あらためまして、２０１８年1月からAPUの学長を務めている出口治明です。僕のことをご存知でない人も多いと思いますので、ここで簡単に自己紹介させてください。

三重県に生まれ、京都大学を卒業した僕は、キャリアのほとんどを日本生命で過ごしました。ＭＯＦ担として財務省との折衝を行って金融制度改革・保険業法の改正に道筋をつけたり、ロンドンの現地法人の社長や国際業務部長を務めたりした後、投資家の谷家衛さんに誘われ、還暦でベンチャー企業「ライフネット生命」を開業。およそ10年間、社長、会長としてお客さまと会社の発展のことばかりを考えて仕事をしてきました。上場も果たしました。

そんな、教育業界とは無縁だった僕がAPUの学長に選任されたのです。正式に発表されたのは前年の2017年11月でしたが、かねてより僕のことを知っている人は、この知らせにかなり驚いたようです。同年6月にライフネット生命の取締役から退任したとはいえ、45年近く携わってきた生命保険業界から、全く畑違いの教育業界に飛び込んだのですから。それも、古希（70歳）を迎えたタイミングで……。

第一報が出た後、「やっぱり教育業界に興味があったんですか？」という質問をよく受けました。僕は若者向けの書籍を書いたり、講演活動をしたりしていたので、「いつかは教育業界に、と考えていたのだろう」と思われたのでしょう。

ですが正直なところ、「いつかは教育業界に」などとは全く思っていませんでした。僕にとってこの出来事は、新卒で日本生命に入社したときやライフネット生命を創業することになったときと同じく、「大きな流れに身を任せた」だけだったのです。

では、どんな「流れ」があったのか。ことの始まりは2017年9月、ある人材紹介会社から送られてきた一通のメールでした。

推挙され、「枯れ木」として国際公募に参加

人材紹介会社の人（要はヘッドハンターです）から届いたメールには、僕がある大学の学長のポストに複数人から推挙されていることが書かれていました。そして「一度会って話しませんか」と誘ってきました。正直、「なんのことやら」という印象でしたが、僕は好奇心の赴くまま、先方のオフィスで話を聞くことにしました。

そこで判明したのは、「ある大学」は立命館アジア太平洋大学（ＡＰＵ）だということでした。実はＡＰＵについては数人の飲み友達から「とてもおもしろい大学がある」という話を何度か聞いていました。ただ、飲み会の席ですから「へぇー」と聞いていただけで、あまりよく覚えていない。とにかく「おもしろい大学」ということしか記憶にありませんでした。

話によると、「学長の国際公募」は日本では初の試みらしいということが分かりました。その時点で「非常にユニークな大学だな」と好ましくは思いました。

ただ、「国際公募なら条件があるはず」と思い尋ねてみると、学長候補の条件は、

第一が「ドクター（博士号）を持っていること」、第二が「英語が堪能なこと」だというのです。通常、大学では多くの教員がドクターを取得しています。そんな彼らのトップに立つわけですから、当然、ドクターレベルの学識は持っていないといけないということでしょう（ただし、小さい字で「ドクターもしくはそれ相応の学識を有する人」とは書いてありましたが）。またAPUは教員の半数が外国籍ですから、英語の能力が必須になるのもうなずけます。

では肝心の僕はというと……。ドクター（博士号）どころかマスター（修士号）すら持っていません。英語もロンドンで勤務していたのは四半世紀も前のことですから、全く堪能とはいえない。ですから条件を聞いた時点で、「候補者リストに加えてもらう分には構わないけれど、僕には無縁の話やな」と思いました。自宅に帰り、家族にそのいきさつを話すと、「国際公募でしょう？ いろんな人を集めなきゃ格好がつかないじゃない、要は枯れ木も山の賑わいでしょう」といわれて妙に納得したことを覚えています。

そんな僕に人材紹介会社の人は、後日もっと話をしたいといってきました。それに対しては「まあ、枯れ木だからいいか」と軽い気持ちで応じ、インタビューを受けて日本の大学について普段考えている問題点をざっくばらんに話しました。

その後、今度は「11月にキャンパスを見に来ませんか？」と誘われました。その誘いも素直に受けたんですね、僕は。そして、2回目のインタビューを受けに大分県別府市にあるAPUに行くことになりました。

そこは予想をはるかに超えた刺激的な場所でした。

若者の国連、選考委員会のダイバーシティ

APUに到着してすぐに学食でランチを食べたのですが（山の上にあるので食べるところがここしかないのです）、入った瞬間、本当にびっくりしました。世界中のありとあらゆる国や地域から来た学生が、ものすごい勢いでしゃべっている。僕の知っている「大学の学食」のイメージとはえらく違う。直観的に、「ここは若者の国連やな」「小さい地球やな」と思いました。

6000人近くいる学生のうち約半数が外国人留学生。それも肌の色から言語か

ら宗教から、てんでばらばらの90を超える国や地域から来ている――。前情報としては知っていましたが、いざ目の前に広がる光景を見ると、その「若者の国連ぶり」に圧倒され、引き込まれてしまったのです。「これほどダイバーシティ（多様性）にあふれた教育環境は、日本中どこを探してもないだろう」と。

僕は旅が大好きです。若い頃から最低でも年に２回、２週間ずつ休みをとっては海外を放浪してきました。けれども、古希を迎えてもまだ、訪れたことのある国や地域はせいぜい80カ国程度です。ここにいる学生たちの出身地は、僕がこれまでの人生の中で歩き回った国や地域よりも多い。それだけですごいことだと思いました。

加えて、そのときに説明された学長候補者選考委員会のメンバーが、「ダイバーシティそのもの」だったことにも心をつかまれました。

副学長（理事）をヘッドとしてＡＰＵの教員が５人、職員２人、卒業生２人の計10人がメンバーで、そのうち外国人が４人、女性が３人。２０１３年に行動宣言が出された、いわゆる「女性管理職比率30％」を十分に満たしています。大企業の指名報酬委員会でも、これほどダイバーシティが進んでいるところはほとんどないでしょう（大きな声ではいえませんが、人体おじさんばっかりでしょう？）。このようなことから、僕はＡＰＵがとても先進的な大学であることを確信しました。

掲げるビジョンも魅力的

もう一つ魅力的だったのが、ＡＰＵの掲げるビジョンです。２０１５年に、既に２０３０年のビジョンを策定していました。

「ＡＰＵは世界に誇れるグローバル・ラーニング・コミュニティを構築し、そこで学んだ人たちが世界を変える」

これはＡＰＵで学んだ学生が世界中に散らばって、自分の持ち場を自分で見つけ、自分のやりたい仕事にチャレンジし、行動して、世界を変えていくという壮大なビジョンです。

国連はＳＤＧｓという２０３０年までの目標を策定していますが、当時の日本で２０３０年という未来を見据えてビジョンを描いている大学や企業が、どれだけあったか。ＡＰＵの視座の高さを強く感じました。

若者の国連。選考委員会のダイバーシティ。壮大な2030年ビジョン。この3つはとても大きなインパクトがあり、僕は一気にAPUが好きになりました。「東京に戻ったら、人に会うたびにAPUのおもしろさを伝えよう。応援団の一人になろう」と思いつつ、別府の山の上にあるキャンパスを下りたのです。

「もう、なっていただくことになりましたので」

東京に戻ってから数週間後、人材紹介会社の人から「ホテルで朝ごはんでも食べませんか」とのお誘いがありました。APUに行った後はなしのつぶてで、選考の経緯などは全く知らされていなかったので「無事に他の人に決まりました。別府まで行ってくれてありがとうございました」といった挨拶だろうと思い、気楽な気持ちで私服のままホテルに向かいました。

待ち合わせのロビーに到着すると、相手は「部屋を取っています」という。オフレコの話だし慎重を期しているんだろうと思いつつ、部屋に連れられてドアを開けると、そこには選考委員会のメンバーが数人、起立して並んでいました。

何が起きているのか分からない……。サプライズパーティーの主役のように呆然とする僕に、選考委員長が「もう、学長になっていただくことになりましたので、よろしくお願いします」と告げたのです。

「え？」と驚く僕を尻目に、「こちらが秘書と広報担当です。今日から出口さんの面倒を見させていただきます。就任は年明けですが、就任記者会見は10日後です。よろしくお願いします」とたたみかけてくる。それを聞いて、どうやら僕がＡＰＵの学長に決まったようだということがようやく理解できました。

「これは……、引き受けるしかない」。とても断れるような雰囲気ではありませんでしたからね（笑）。この流れに乗るしかない、あきらめて乗ってみようと思いました。

僕はこのとき、ライフネット生命の創業が「決まった」瞬間を思い出していました。投資家の谷家衛さんに生命保険についてレクチャーしていたら、会って15分ほどで「新しい保険会社をつくりましょう」と誘われ、「いいですよ」と即決したときのことを。「ああ、あのときもホテルだったなあ」と。

僕の敬愛するダーウィンは、「賢い者や強い者が生き残るのではなく、変化に適応できた者だけが生き残る」と述べています。何が起こるのか分からない世の中で、どんな事態に直面するかはダーウィンの指摘する通り、「運と適応」次第です。ダーウィニストの僕は、「人間は川の流れに身を任せてたゆたうことしかできない」とずっと考えてきました。

ですから古希で迎えた大きな人生の変化に対しても、結果的にはいつもの通り、流れに身を任せただけだったのです（その後、年明けにたくさん入れていた講演などの仕事の調整では、関係各方面に多大のご迷惑をおかけしてしまいましたが）。

ホテルを出ると、真っ先に岩瀬くん（岩瀬大輔、ライフネット生命社長＝当時）に電話をかけました。それまでＡＰＵの学長公募については可能性がゼロだと思い、家族以外の誰にも話していなかったので、岩瀬くんは少々面食らったようでした。けれども、「そういうことなら仕方がないですね」と一言。さすがに僕の性格や生き方をよく知っているだけあって、すぐに受け入れてくれました。

ちなみに、家に帰って「来年からＡＰＵの学長を務めることになったよ」と家族に伝えると、「枯れ木が選ばれちゃったのね」と笑われました。

さて、本書は民間企業、ベンチャー企業出身の新米学長である僕の奮闘記です。なにを考えてAPUを「経営」し、改革に乗り出していったのか。またこれからの社会を展望したうえで、どのような教育やキャリア形成が必要だと考えたか。あらためて感じた日本の問題点とその改善案とは。大学という組織で、どのようにプロジェクトを動かしてきたか――。

まだ成し遂げていないことも多々ありますが、その時々に経験したことや感じたことを交えつつ、お話しできればと思います。

2020年4月　APU学長　出口治明

ここにしか
ない大学
APU学長日記

目次

第2章 もっとよくなる！ 日本の大学

第5章 もっと学んで成長しよう！

第6章

小さい丸より大きい三角

第1章

青天の霹靂《へきれき》 僕が大学の学長に？

「置かれた場所」で咲けるよう努めればいい

朝起きて元気だったら、働けばいい

大慌てでライフネット生命を退職し、別府に引っ越したのは2017年のクリスマス（ここなら引っ越し業者も空いているだろうと考えたのです）。年が明けるとAPUに関する様々なレクチャーを受けながら慌ただしい時間を過ごしました。しかし、知らなかったことをゼロから学ぶのは、何歳になろうと純粋に楽しいものです。金融関係の法律はたいてい理解していても、「教育基本法」や「学校教育法」、「大学設置基準」などは、今までの人生では触れたこともありませんでしたからね。

学長就任が発表されたとき、周りの人の反応は様々でした。仲の良い友人は、「また出口が新しいことを始めるのか」とおもしろがってくれましたが、ほとんどの人は「古希からの異業種への転身」ということに驚いたようです。

しかし僕は、年齢と仕事を結びつけて考えたことはこれまで一度もありません。朝起きて元気だったら、働けばいい。いくつになったら新しいチャレンジをしてはいけない、などという決まりはどこにもありません。朝起きて身体がしんどかったら、そのときに「辞める」という選択肢を考えればいいのです。「年齢フリー」で考えるのが、世界の常識だと思っています。

40、50、60、70歳などといった切りのいい数字に惑わされ、自分にあらかじめ制限を設ける必要は全くありません。実際、世界を見渡せば、日本を除いて定年などという制度はどこにも存在しないのですから。

それに僕自身は、「全くの異業種」に転じたという感覚はほとんどありませんでした。というのも、ライフネット生命の起業が、長く勤めた日本生命と「生命保険」というつながりがあったのと同様に、ライフネット生命とAPUは「ベンチャー」というつながりがあったからです。

まず、APUは2000年に開学した若い大学です。2020年が開学20周年と

大分・別府の山の上にあるAPUのキャンパス

いう節目の年になります。日本で一番古い東京大学が1877年、APUと同一法人の立命館大学が1900年、同じ県内の大分大学が1949年に設立されたことを考えると、まだまだ若い「ベンチャー大学」と呼んでいいでしょう。

しかも、ただ新しいだけの「ベンチャー大学」ではありません。「教員、学生の半分が外国人」であるという世界的に見ても珍しい大学です。

また、公用語が英語の大学はたくさんありますが、英語と日本語の2言語を公用語とし、ほとんどの授業でこの2つの言語を使っているのは日本ではAPUだけではないでしょうか。

なにより、大分県別府市の山の上を切り拓き、既存大学の新キャンパスや新学部ではなく、ゼロから大学をつくったのです。これだけでも、なかなかのベンチャースピリットを感じませんか。

起業も転職も直観で選んで大丈夫

「ベンチャーつながりがあるとはいえ、覚悟をしていなかったのに引き受けるなんて無謀過ぎるのでは」と思われるかもしれません。しかし僕は、そもそも起業や転職は長時間熟慮して周到に準備するものではないと考えています。

なぜか。人間は動物だからです。そして、僕はダーウィニストだからです。動物として人生において重要な決断の1つは、パートナー選びです。パートナーとなるボーイフレンドやガールフレンドを選ぶことは、子孫をつくる結果につながる場合が多いわけですから。

そんな大事な恋人を選ぶときに、「顔」「スタイル」「優しさ」「最終学歴」「職業」

「経済力」「金銭感覚」「家庭環境」「資産」などのリストを作って、上から順にチェックしますか？　そこまでする人はほとんどいないでしょう。

「何となくいいな」「一緒にいると楽しいな」「一緒にいて疲れないな」、まずはこうした直感で選ぶはずです。その直感が間違えていたら「さようなら」をするし、まあこんなもんだろうと思えれば人生を共にする。パートナー選びという重要な決断でさえその程度の感覚で決めているのだから、職業の選択などはもっと気楽に決めればいいというのが僕の持論です。

こんなことを話すと叱られてしまうかもしれませんが、僕の気持ちの中でＡＰＵの学長就任は、「何となくいいなと思っていた人に思いがけず告白された」ようなものでした。あれだけダイバーシティ豊かなメンバーが満場一致で選んでくれたのだから、自分が精一杯やればきっと何かしらお返しはできるだろうとも思いました。

後は、「置かれた場所」で〝咲ける〟ように一所懸命努めればそれでいい。もし努めてもそこで咲けなかったら、広い世界に飛び出せばいいだけの話です。

APUは「学生の半分が留学生」

世界を周った「泥臭い営業活動」が実を結ぶ

先ほど「ベンチャー」という言葉を出しましたが、そもそもAPUがどういう経緯でできた大学なのかをざっと説明させてください。

APUは、大分県別府市の十文字原という山の上にある大学です。この「山の上」というのは全く偽りのない表現で、別府の市街地までバスで出るのに40分以上、片道（往復ではなく）のバス代は570円もかかります。学生はキャンパス周辺を「天空」、別府の市街地を親しみを込めて「下界」と呼んでいるようです。

立地からして変わっている大学ですが、設立のキーマンは「関さば、関あじ」や「湯布院」などの「一村一品運動」のブランド戦略で知られる平松守彦前大分県知事。

24年にわたって知事を務めた平松さんが、1990年代、さらに大分県を盛り上げるためにもくろんだのが大学の誘致でした。

APUの始まりは、平松知事が京都の立命館大学に送った新大学の設立を打診する手紙だったと聞いています。その手紙にピンときた当時の坂本和一副総長が知事に連絡をとり、やり取りが始まったのだと。

しかし立命館は当時、「びわこ・くさつキャンパス」(BKC)を開いたばかりでした。経営体力的な問題もあり、「どこにでもあるような大学をつくっても仕方がない」となかなか踏ん切りがつかずにいた。

そんなとき、あるミーティングで大学側の幹部から、局面を打開する一つのキーワードが飛び出しました。それが、「学生の半分が外国人留学生、なんておもしろいですね」です。

「学生の半分が留学生」。前代未聞です。

もちろん実現の当てもありません。それでも、次第にみんながこのコンセプトにほれ込んでいきました。平松知事も「それはいい!」と気に入った。そうなれば、

「学生の半分が留学生」でキャンパス内は国際色が豊か

後はやるしかない。みんなの思いを乗せ、話はどんどん進んでいきました。そのやり取りの中心にいたのは立命館の坂本副総長で、坂本さんは後のＡＰＵ初代学長になります。

　ただ実際のところ、立命館としても、どうやって留学生を集めるか皆目見当がつきません。そこで講じた策は「泥臭い営業活動」でした。

　考えつくかぎりの国や地域に、教員（教鞭を執る人）と職員（事務方）を２人１組で送り出し、各国の文科省や高校、語学学校、日本大使館などを回り、地道に広報活動を行ったのです。

1990年代終わりのことですから、まだインターネットもさほど普及していません。途上国に行った教職員と1週間連絡が取れずに心配した、無事帰国したときは拍手で迎え入れられたというエピソードも残っています。

立命館がそんな泥臭い営業活動を行うのと並行して、平松知事は議会を通し、別府市は土地の無償譲渡と造成費用42億円を、大分県は建設費として150億円を負担するなど、APUは土地を含めて総額およそ200億円の支援を確保しました。いわば、大分県・別府市と立命館、両者のベンチャースピリットが出合って生まれたのがAPUというわけです。

変わらないAPUのベンチャースピリット

そして2000年、多くの関係者の努力と紆余曲折を経てAPUは開学しました。しかし、そのベンチャースピリットはいまだ衰えていません。その証拠の1つが「日本で初めて学長を国際公募で選ぶ」というチャレンジです。

僕の先代、3代目の学長までは、全員が立命館の高名な先生方。つまり「学校法人立命館による人事」でした。それを「前例があるから」で思考停止せず、創立20周年が見えてきたタイミングで自分たちが主導して学長を決めようとAPUは考えたのでしょう。

もしくは、ダイバーシティにあふれた大学ですから、「そもそも学長は立命館内から選ばなくてもいいのでは」という意見があがったのかもしれません。

いずれにしても、前例に拘泥《こうでい》せず新しいチャレンジに前向きなマインドは、極めてベンチャー的だといえるでしょう。

開学の経済効果は年間215億円

九州の地方の町に、約30000人もの外国人（現在の全留学生の数字。開学1年目は905人）がやってくる。町の人たちにアレルギーはなかったのか、と問われることもあります。しかしありがたいことに、APUは比較的スムーズに地元の皆さんに受け入れていただいたようです。

別府はもともと、別府湾に面する港町。大阪と結んだ観光航路を利用して大きく発展しました。「よそもの」が訪れるのが当たり前で、「よそもの」が町を元気にすることを知っている。オープンマインドにあふれている町だからこそ、住民の皆さんの抵抗が少なかったのかもしれません。

今や多くの国際学生（APUでは外国人留学生を国際学生と呼んでいます）が別府の町でアルバイトをしています。学長就任当初、別府市内の定食屋に食事に出かけたとき、店主に「新しい学長さんですか。あそこでお茶を運んでいる子はAPUの国際学生ですよ」と声をかけていただき、APUが別府市民に温かく受け入れられていることをすぐに実感できました。

また、APUは地元経済にも大きく貢献しています。APUにはおよそ6000人の学生が在籍していますが、別府市の人口は12万人弱。つまりAPUの学生は、別府市の総人口の5％を占めます。さらに学生は18～22歳がほとんどですが、高齢化が進んでいる別府市のこの世代の人口は1万人前後しかいません。それを踏まえると、別府市の18～22歳人口の2人に1人はAPUの学生になるわけです。

この学生たちが、町でアルバイトをしたり、生活物資を購入したり、休日に遊んでお金を落としたりする。さらに学生の半数が留学生、また日本人の学生も3分の2が地元九州以外、東京や大阪から来ている。学生のご両親や保護者が訪れるだけでもお金が地元に落ちます。

ＡＰＵの経済波及効果は県の試算で年間２１５億円ともいわれています。先ほどＡＰＵは開学前におよそ２００億円の建設補助金を県と市から確保したと説明しましたが、投資する側としては1年で「元が取れる」金額になったのです。

これだけリターンの高い地域おこしは、他にはないでしょう。

世界中に「クラスメートの実家」がある

寮生活でダイバーシティに触れる

学長に就任して初めて迎えた4月某日。学食をのぞくと、在学生が新入生に「APUの歩き方」を教える「Welcome Cafe」が開催されていました。

椅子や机を片付けたところにシートを敷き、新入生5人ほどに在学生1人が付くグループをたくさんつくって、何やらワイワイガヤガヤと盛り上がっている。どんなことをレクチャーしているんだろうと思って中に入ってみると、大学生活のコツや寮での過ごし方など、「天空」のキャンパスで生きるうえで必要な知恵（ノウハウ）を教えているようでした。

しかも、それだけではありません。上級生たちは新入生の国際学生たちに、お箸の持ち方や「靴はどこで脱ぐべきか」といった日本の文化・習慣などを丁寧に教えていました。自分たちにとって当たり前のことを、「当たり前ではない人」に伝えること。これも一つの貴重な「ダイバーシティ体験」です。APUならではの光景に感心しました。

またAPUでは、学びの時間だけではなく、生活の時間でもダイバーシティを体験できます。APUに入学した学生は、原則として1年目は寮生活をおくることになっています。日本の学生も国際学生も、「APハウス」と呼ばれる学生寮で一緒に暮らすのです。

「APハウス」のシェアルームでは、国際学生と国内学生が2人1室で共同生活をします（「国際学生」は在留資格が「留学」である学生。「国内学生」は上記以外の学生で在留資格が「留学」でない在日外国人を含む）。ここで学生たちは、自分と違う文化や慣習、考え方や常識を持つ人と一緒に住み、成長していきます。

昨今「ダイバーシティ」（多様性）の大切さがよく語られますが、頭だけではなかなか理解できない概念であり、知識として持っているだけではあまり意味がありません。要なのは、世界に多種多様な人がいると肌で感じること。リアルな生活体験を通してそれを実感したときに、人は初めて心から寛容になれるし、自分の価値観とは違う思考体系を持つ他人を尊重しないといけないと腹落ちするのです。

ＡＰＵの見学に来られた他大学の先生が尋ねてきました。「2人1室で、2人の気が合わなければ1年生活するのはしんどいじゃないですか」と。ＡＰＵ生の答えは「人生では自分の思い通りにならないことが多々あることを、それで学べるのです」というものでした。

僕は、若者がそんな環境に身を置くのに、ＡＰＵほど最適な場所はないと思っています。山の上の「天空」のキャンパスには、「小さな地球」が果てしなく広がっているのですから。

「友達のこと」だから、世界が近くなる

こうした教育環境で過ごす学生たちと交流を重ねる中で、「ＡＰＵは、世界中の出来事が『友達のこと』になる環境なんやな」ということが分かってきました。

ネパール大震災が起こった際も、学生たちがすぐに募金活動を始めた

例えば隣で勉強しているクラスメートがシリア難民なら、シリアで起こったテロのニュースを見れば、「あいつの家族は大丈夫だろうか」と心配になる。ネパールで大地震が起こったら、翌日には学内で募金活動が始まる。それは、他人事ではないからです。

地球上で起こるあらゆるニュースや国際情勢が、「友達のこと」や「友達の家族のこと」であり、それがすなわち「自分事」になる。当事者意識が芽生え、「自分に関係ないこと」が減っていくことが本当のグローバリゼーションなのかもしれないと気づきました。

もちろん、ネガティブな事件や事故についてばかりではありません。世界中に「友達の実家」があるのもAPUの魅力的な特典でしょう。東京や大阪の大学に通っている若者が、夏休みに地方出身のクラスメートの実家に遊びに行ったりするでしょう？　僕も大学1回生のとき、北海道の友人宅を訪ねた記憶があります。この「北海道」が、APUではアフリカやヨーロッパ、アジアなど、世界中のあらゆる国になるのです。

しかも、こうした環境は学生だけのものではありません。教員の半数も外国籍で、出身地は日本を入れて22の国や地域に及びます。ある教員と春休み明けに雑談していたところ「APUの元同僚の実家に遊びに行ってきました」というので、どこの国かと聞いてみると「オマーンです」と返されました。世界がとても近い。なんともうらやましい限りです。

Ritsumeikan Asia Pacific University

学長としてやりとげたい3つのこと

財政基盤を強化するための「逆インターン」

言葉の真の意味でのグローバル化が進み、ダイバーシティにあふれるAPU。そんな大学の学長として僕が取り組むべき仕事は山ほどありますが、最も大切なのが「教育と研究の質を高め、優秀な卒業生を輩出すること」であるのは疑いの余地がありません。これが、APUの本業中の本業です。

この務めを果たすためにも、特に重点課題と考えているポイントが3つあります。1つ目は「2030年ビジョン実現へのマイルストーンづくり」。続いて「財政基盤の確立」。最後が「社会的評価を上げる」です。順番に説明していきましょう。

まずは「2030年ビジョン実現へのマイルストーンづくり」。これはシンプルにいえば、2015年に定めた「2030年ビジョン」への道筋を整備、肉付けすることです。「APUで学んだ人が世界を変える」、言い換えればチェンジメーカーを輩出するという壮大なビジョンに到達するための具体的なアクションプラン、すなわち具体的なチャレンジデザインを策定することが、4代目の学長である僕に課せられた大きな使命。そう考えて次項の指針を素案として打ち出しました（3つの重点目標と6つのアクションプラン）。これからこの指針を一つずつAPUの英知を集めて肉付けしていきたいと思っています。

2つ目が「財政基盤の確立」。学長の責務は、なんといっても「マネジメント」にあります。実際に教育、研究を行う教員でも、また大学の運営を実務面で担う職員でもない「マネジャー」の役割は、質の高い教育や研究が自由に行える環境を整えること。つまり財政基盤の強化にあると思います。「貧すれば鈍する」という言葉がありますが、先立つものがないとなにもできないのは、大学であれ企業であれ同じなのです。

世界を見渡すと、ハーバード大学はおよそ4兆円の自己資金を持っています。な

APU2030ビジョンに向けた指針

3つの重点目標

1. 比類ない多国籍・多文化環境を生かして、世界市民として成長するための学習や活動の機会および生活環境を提供し、世界に誇るグローバル・ラーニング・コミュニティを創成する

2. 教育・研究の質を絶え間なく向上させ、世界で通用する新たなグローバル・ラーニングの価値を創造する

3. APUの財産である世界中の卒業生や地域社会のステークホルダーとのつながりを深化させ、大学の価値創造へと結びつける

6つのアクションプラン

1. 従来の多様性／多文化環境を超える環境と新たな成長の追求および国際競争力のあるAPU教育の創出

2. 社会・地域に貢献する国際通用性のある研究の推進

3. APUであることからこそ可能な、今までにない地域社会の成長への貢献（大学を中核とした民官学の新たな地域発展モデルの創出）

4. 世界で活躍し貢献できる多様なライフスパン・キャリアの強化

5. グローバルリーダーとして世界を変える卒業生組織・卒業生ネットワークの高度化および学生とのコラボレーション

6. Global Learning Universityを支える組織基盤の構築

ぜそんなに資金があるかといえば、長い歴史の中で積み上げた寄付金の累積があるからです。400年近く続く名門校ですから、その寄付額もアメリカ随一。歴代のそうそうたる卒業生ばかりではなく、企業や財団が多額の寄付をしてくれるわけです。欧米の大学は高度成長期にこの寄付金を複利で増やしてきました。仮に最近の中国のような7％成長が半世紀ほど続けば、「72のルール」（72÷金利≒元本が倍になる年数）により、1000億円が3兆2000億円に化けるのです。

とはいっても企業ガバナンスが厳しく、寄付金が企業価値を上げるかどうかが厳しく問われる昨今、歴史の浅いAPUが企業から多額の寄付を募るのはあまり現実的ではありません。そこで寄付についてはメインターゲットを個人に設定して、毎月1000円からクレジットカードで引き落としができる継続的な定額寄付を主軸に考えていこうと思っています。

APUは、シンプルな寄付をお願いするのではなく、例えば企業側にも大きなメリットのある研修プログラム「GCEP」（Global Competency Enhancement Program）などを提供することで、財政基盤を強化したいと考えています。

「GCEP」は、リカレント教育の一環として企業が社員を1クオーター（2カ月間）、または1セメスター（4カ月間）、APUに「留学」させるグローバル化養成プログラムを提供し、その対価としてお金をいただくというものです。いわば「逆インターン」ですね。

以前、東京の鉄道会社に勤める人が2カ月のプログラムを終え、学長室を訪ねてくれました。東京オリンピック・パラリンピックに向けてグローバル環境を「肌で感じる」ために会社から派遣されたとのこと。とても充実した日々をおくれたそうで、「4カ月間コースにしたかった。まだまだAPUで学びたいです」と話していました。

「GCEP」では、①国際教育学生寮（APハウス）での異文化体験生活、②ディスカッション中心の英語で受ける講義、③留学生による言語学習のサポート、の3つを柱に掲げています。さらに1人の企業派遣生に5人の留学生をアサインしてコミュニケーションを取るようにしているので、相互に学ぶことができます。日本に居ながらグローバル感覚を養えますし、グローバルな考え方を磨けるだけではなく英語力も伸ばせると大変好評をいただいています。このプログラムで得られる経験は、リカレント教育の最たるものではないでしょうか。夜間や週末のリカレント教育も盛んになってきていますが、別府の山上にあるAPUでは、GCEPのような形態が適していると考えています。今後、このユニークな取り組みをさらに多くの企業に広めていきたいと思っています。

加えて、保護者の皆さんには本当に申し訳がないのですが、2020年4月から学費の値上げを行うことを決断しました。増収分はほとんどすべてを教育と研究の拡充にあてることにしています。

大学ランキングの向上と認証の取得、民官学のリンケージ

では、3つ目の「社会的評価を上げる」にはどうすればいいか。これは大学ランキングの向上と認証の取得、民官学のリンケージを指針にしています。

2020年3月に発表された「THE（タイムズ・ハイヤー・エデュケーション）」の「THE世界大学ランキング日本版2020」で、APUは700以上ある国内の大学の中で総合21位を獲得しました。3年連続で全国の私大中5位（上位は早稲

THE世界大学ランキング日本版2020

順位	大学名	総合	教育リソース	教育充実度	教育成果	国際性
1 (3)	東北大学	83	84.1	80.6	96.6	73.9
2 (1)	京都大学	81.5	83.4	78.7	98.4	69.1
3 (2)	東京大学	81.2	86.5	79.8	94.1	64
3 (7)	東京工業大学	81.2	80.1	80.8	92.8	74.5
5 (4)	九州大学	79.7	76.4	79.9	97.4	70.9
6 (5)	北海道大学	79.6	73.8	83.4	94.1	72.3
7 (5)	名古屋大学	79.5	78.2	80.5	96.1	66.9
8 (8)	大阪大学	78.9	78	77.2	97.9	68.1
9 (9)	筑波大学	77.7	74.1	84.9	94.4	59.6
10 (10)	国際教養大学	77.2	52.8	93	71	100
11 (11)	国際基督教大学	74.3	52.8	90.5	60.6	97.6
12 (12)	広島大学	72.0	66.5	79	78.4	68.9
13 (13)	早稲田大学	71.5	52.7	79.3	93	74.6
14 (14)	慶應義塾大学	70.2	60.8	76.3	93.7	58.2
15 (16)	神戸大学	69.5	66.1	75.4	83.4	55.5
16 (15)	一橋大学	67.4	51.3	78.4	76.6	70.9
17 (21)	長岡技術科学大学	67.1	61.4	69.3	68.4	72.1
18 (18)	金沢大学	66.9	65.9	76.5	58.4	61
18 (22)	東京農工大学	66.9	69.8	68.5	69.4	57.4
20 (17)	上智大学	66.5	43.4	82.8	66.3	81.3
21 (27)	**立命館アジア太平洋大学**	66.2	33.7	**84.3**	60.4	**99**
21 (20)	東京外国語大学	66.2	43.3	81.5	66.8	81.9
23 (19)	千葉大学	65.9	63.3	75.9	72	50.2
24 (26)	会津大学	65	63.9	76.8	33.9	74
25 (25)	お茶の水女子大学	64.8	64.2	76.9	55.7	55
26 (31)	京都工芸繊維大学	64.3	59.3	67.1	65.4	67.8
27 (—)	熊本大学	64.2	63.6	70.9	59.3	59.1
28 (24)	岡山大学	63.9	60.6	71.9	61	60
29 (32)	東京海洋大学	63.6	63.1	69.4	63.6	55.7
29 (23)	東京医科歯科大学	63.6	84.2	58.2	29.4	64

イギリスの高等教育専門誌「THE（Times Higher Education）」調べ。対象大学は278校。順位のカッコ内数字は2019版の順位

田、慶應、上智、ICU）、そして西日本の私大では1位です。また、九州の大学では九州大学に次いで2位です。

こうした大学ランキングをアップさせ、社会的評価を上げていくことも、大学の大切な目標の1つです。

国際認証の積極的な取得も同様です。APUは既に2つの国際認証を取得しています。マネジメント教育を評価する「AACSB」（Association to Advance Collegiate Schools of Business）と、観光教育を評価する「TedQual」（Tourism Education Quality）です。国内の大学だと、前者は慶應義塾大学大学院など5校、後者は和歌山大学と本校の2校しか取得していません。

世界的にこれらの認証を取得しているのは優秀な大学ばかりで、同じ認証を持つ大学同士で交換留学を行うケースがとても多い。APUは現在、世界の155校と交換留学協定を結んでいます。ですからAPUの学生は留学プログラムを活用すれば、世界中で「質の高い教育」を受けられるわけです。

こうした国際認証にはどんな意味があるのか。これは「ミシュランの三つ星」だと考えれば分かりやすいと思います。国際機関から「この大学の教育レベルを保証する」という〝お墨付き〟をもらうということです。このお墨付きがあることで、海外から優秀な学生を集めることができるのです。

例えば旅の途中、絶対に失敗したくない食事を取るとしたら、星付きレストランと星なしのレストランのどちらを選びますか。「星付きならおいしいものが出てくるだろう。サービスもいいだろう」という〝安心感〟で、星付きレストランを選ぶ人が多いのではないでしょうか。

世界の学生や保護者も同じです。「APUという名前は知らないけれど、この認証を取っているのだからきっと世界水準の高い教育が受けられるだろう」と安心してAPUを選ぶことができるわけです。

そもそも、世界には2万5000校前後の大学があるので、指針がなければ選びようがない。海外の保護者は東京大学も早稲田大学も知らないケースがほとんどです。ですからこうした国際認証の有無が大学選びの重要な指針となるわけです。

国際認証を取得している大学は上位数%に過ぎません。グローバルなランクを上げ、国際認証を取得していけば、優秀な学生を世界中から集めることができます。それだけではなく、大分や九州など地元の人たちにも「ＡＰＵ、頑張っているね！」と応援してもらうこともできるでしょう。周りの人に応援してもらうことは、ＡＰＵのように地方にある大学にとって、非常に大切なことだと僕は考えています。世界中の人に信頼してもらえる。地元の人に応援してもらえる。ローカルかつグローバルな大学として、目に見える「社会的な評価」は欠かせません。だからこそ、さらなるランキングの向上と国際認証の取得を目指しているのです。

次に民官学のリンケージについて説明します。ＡＰＵは大分県の別府市に立地している九州の大学です。別府市や大分県や九州がさびれて、一人ＡＰＵだけが元気でいられるはずがありません。そこでＡＰＵは地元の民間企業や自治体などの公的セクターと連携して地域をもっと元気にしようと考えています。

僕が赴任する前にＡＰＵは、大分県内のすべての市町村と既に連携協定を結んでいましたが、２０１９年４月には九州の主要企業をほとんど網羅する九経連（九州経済連合会）とも連携協定を結び、商品・サービスの開発やリカレント教育、学生

APUの学生と九州の醤油メーカー「フンドーキン醤油」が共同で商品化した「はちみつ醤油ハラール」

のインターンシップや採用などで連携を強化しようと考えています。

企業との商品開発では先例があります。イスラーム圏から来た学生が、ムスリムの学生もそうでない学生も日本食を一緒に囲んで交流したいと考え、企業の海外事業展開を支援するインスパイアさんの仲介で地元のフンドーキン醤油さんとＡＰＵで３者協定を結び、ハラール醤油の商品化にこぎつけました。ＡＰＵの生協売店や別府市内のスーパー、ＪＲの駅や大分空港などで既に販売されています。

また、２０１９年10月には佐賀県有田町とも協定を締結しました。ＡＰＵの国際学生が日本の伝統工芸の1つである有田焼を学び、世界各地での陶磁器のニーズを共に考える試みを始めようと思っています。

このほかにも、NHK大分支局とJCOM大分とAPUが3者協定を結んで2019年4月から「APU×大分」というテレビ番組を毎月つくっています。これは「APUの国際学生が大分の魅力を再発見する」という趣向ですが、NHKとJCOMが隔月で番組をつくり、同じ内容を双方で放映しています。聞くところによれば、NHKが民放のつくった番組をそのまま放映するのは全国でも初めての取り組みだそうで、これもAPUが間に入ったからこそ実現できたのではないでしょうか。当初は1年の予定でしたが、好評につき2年目も継続することが決まりました。

今後、もっともっと民官学のリンケージやコラボレーションに積極的に取り組み、別府・大分や九州を元気にしたいと考えています。

第2章

もっとよくなる！日本の大学

企業と大学の経営、本質は何も変わらない

学長に就任してからよく聞かれる3つの質問

「民間企業からの転身で、カルチャーショックはなかったか」
「APUといえども、大学組織は硬直化しているのではないか」
「大学のマネジメントは民間企業とどこが違うのか」

学長に就任してから今まで、こうした質問をたくさん投げかけられました。確かに大学経営については耳にすることも少なく、イメージがわきにくいのでしょう。そこでここからは、民間企業、ベンチャー企業出身の僕から見た「大学経営」とはどのようなものか、つまり、大学のマネジメントについて話していきます。せっか

くですから、先ほどの質問に一つずつ答えていきましょう。

まず、カルチャーショックについては「特にありません」。もちろん民間企業との「違い」は多々あります。しかし世界は広く、いろいろな文化や風習、考え方があるのは至極当然のこと。正直、ショックを受けることはほとんどありませんでした。

僕はどんな組織でも、どんな社会でも、新しい環境に飛び込んだら周りをよく観察することから始めています。そして、以前からそこにいる人にいろいろと教えてもらう。「変える」のは、その後の話。何より大切なのは、実態、ありのままの姿を知ろうとする姿勢です。

例えば大学の慣習に対して、鬼の首を取ったかのように「非合理的だ」「民間ではこんなことはありえない」などと非難するのは簡単です。しかし、じっくりと話を聞いてみると、その慣習が残っているのはそれなりの合理性、あるいは歴史的な経緯があるからです。

一見おかしな伝統にも、それが始まったきっかけは必ずどこかにある。「なぜこんなことをやっているのか」の背景にある歴史（経緯）や文化を理解することにこそ意味があり、同時に面白さがあるのです。

大学は大企業ほど〝硬直化〟していない

2つ目の「APUといえども、大学組織は硬直化しているのではないか」については、「大企業ほど硬直化はしていないが、ベンチャー企業ほど柔軟でもない」と答えるのが無難なところでしょう。

APUはベンチャースピリットにあふれた大学ですが、会議のやり方などはややもすると硬くなってしまいがちです。僕が就任した当初は、「1人でも反対意見を主張する人がいたら議論し直す」といったように、なかなか最終決議に至りませんでした。僕はせっかちなのでついつい「多数決でええやんか」と思ってしまうのですが。

丁寧な議論は民主主義の基本ですし、全員が納得したうえで決議すれば、物事を確実に進められるというメリットもあります。しかし、そこに至るまでに「お金」と「時間」という大きなコストを払っているのもまた事実。時間の貴重さはいうまでもありませんが、「給与の高い幹部クラスが集まって会議を1時間開いたら、総額いくらになるのか」というコスト感覚も併せ持つべきです。

時間とお金のムダは、立命館やAPUのためになりません。今では全員の意見をよく聞いたうえで、僕が責任を持って意思決定を行うようにしているので会議の時間は短くなっていますが、組織全体がこうしたコスト感覚を持つように促すのも、トップの役割の一つだと思います。

ちなみに僕は学校法人立命館の副総長も務めていますが、こちらはどちらかというと大企業的な雰囲気があると感じています。しかしそれ自体は、別に悪いことではありません。先ほどもいったように、100年を超える伝統があれば、それなりの「型」が作られるのは当たり前。歴史は、形式につながるのです。

チャレンジして知性を磨く組織に

そして最後の質問、「大学のマネジメントは民間企業とどこが違うのか」については、僕は「本質的には変わらない」と考えています。

組織の大小や歴史の長短、民間企業と大学といった違いに関係なく、トップの仕事は東に行くか西に行くかよく分からないこと、言い換えればメリットとデメリットが拮抗している案件を「決めること」。そして決めたことに対してすべて責任を取ること。「腹をくくらないトップ」はそれ自体が形容矛盾です。

また、大きな方針、いわゆるビジョンや大きな方向性を示すこと、みんなに気持ちよく働いてもらえるよう職場環境を整えることも、どのような組織のマネジメントであっても等しく大切な仕事でしょう。このように考えているからこそ、僕はそこまで気負わずに学長職を受け入れられたのかもしれません。まあ、僕は選んでもらった立場なので、もし期待外れでも最後の最後は「選んだ方が悪い」という気楽さもあったのですが（笑）。

さらに、マネジメントについてもう一つ意識しているのが、「失敗を恐れずに何度も挑戦できる組織をつくる」ということです。

人間は新しいことにチャレンジしないと、どんどん怠けてしまう生き物です。しっかり稼いでおいしいご飯を食べるためには、チャレンジして学び続けるしかあ

滋賀県草津市にある立命館大学びわこ・くさつキャンパス

りません。

だからこそ、トップの「チャレンジを推奨する姿勢」は組織にとってとても重要です。挑戦には失敗がつきものですが、失敗した人を見限るような態度をトップが取れば、誰もリスクを取らなくなります。つまり組織全体が保守化し、硬直化してしまうのです。

立命館は、1994年にびわこ・くさつキャンパス（BKC）、2000年にAPU、2015年には大阪いばらきキャンパス（OIC）を新たに立ち上げました。新キャンパスを開くこと、大学を立ち上げることは、想像以上に大変だったと聞いています。それでも現状に甘んじることなく、より良い学園を目指してチャレンジを繰り返してきました。

びわこ・くさつキャンパスで得た知見をAPUの開学に生かし、さらにアップデートして大阪いばらきキャンパスをつくり上げたのです。知見が蓄積されていくうえに、チャレンジを重ねるごとに教員や職員の意識が変わってきたのでしょう。立命館全体が、どんどん「賢く」なってきたのですね。

ですから僕も、APUのトップとして、教職員や学生が常にチャレンジできるような場をつくっていきたいと考えてきました。その一環として、就任4カ月後の2018年4月から3つの学長直轄プロジェクトを走らせたのです。

3つの学長直轄プロジェクトを開始

【1】将来構想検討委員会

2020年の開学20周年を目指して、APUでは2017年春から新学部構想の検討を始めていました。それを引き継いで正規の委員会を立ち上げました。開学から20年、2学部制（アジア太平洋学部・国際経営学部）でやってきたAPUが、新しい学問分野に挑戦するフェーズだと判断したのです。

3年間にわたる検討を経て、現在は「持続可能な地域開発・観光系」の新学部を2023年度に開設する予定で準備を進めています（詳しくは第6章参照）。

【2】英語教育改革検討委員会

学生の英語力の向上は、卒業生、特に国内学生と話す中で改善すべきだと痛感したことの一つです。要は、もっと英語力を磨いておけばよかったという後悔の声を多く耳にしたんですね。

確かに語学力は、入学時に英語をほぼマスターしている国際学生（平均でTOEFL iBT90）と国内学生の間ではかなりの差がついているのが現状です。国内学生の英語力を伸ばすことは、卒業生がよりグローバルなフィールドで活躍するためにも避けては通れないと考えています。

具体的には、2024年までに英語力TOEFL ITP550点（TOEFL

iBT80相当、IELTS6・0相当、TOEIC740相当、国連英検A級相当、Cambridge英検&CPT・B2、英検準1級相当）以上の学生割合を5割以上にする目標を掲げています。

そのためのカリキュラムは、英語教育改革検討委員会で検討しました。特に国内学生の英語力強化策として、長期休暇中の英語集中講座や授業外英語学修支援を実施していて、参加者は年々増えています。

その結果、目標の基準に達した学生の割合は、2013年度の12・9％から、2018年度は43・4％に上昇しました。

【3】海外派遣改革検討委員会

僕が人間を形作ると考える「人、本、旅」の「旅」を在学中にもっと経験してほしいという願いから発足しました（人、本、旅については第5章を参照）。日本人学生の全員を、短期・中期・長期を問わず海外で一度は生活させたいと考えています。

APUはキャンパスの教育環境そのものが素晴らしいのですが、それでもずっと同じ環境にいるのはもったいないことです。ここを通過点として、より広い世界に飛び出してほしい。実際に現地で生活しなければ理解できないこと、経験できないことはたくさんあります。

数値としては、2024年までに日本人学生の在学中海外経験率を100％にすることを目指しています。

ここでいう「海外経験」は、大学が提供する留学プログラムのみならず、インターンシップ、語学学習、現地体験プログラムなどを含む様々な海外経験を指しています。新規プログラム開発・実施を進めた結果、日本人学生の海外経験率は2013年度の29・4％から、2018年度は84・2％へと増えています。

APUをより一層、尖らせたい

さらに2018年の秋には、追加して2つのプロジェクトを立ち上げました。

まずは、「入学試験改革検討ワーキング」。将来どのような入試に改善すれば、よりおもしろく、よりユニークな学生に来てもらえるか、APUらしい入試とは何かをゼロベースで考えました（詳しくは第6章を参照）。

もう一つは、「トップレベルの入学者確保プロジェクト」。日本中の優秀で尖った学生に、ＡＰＵに来てもらうためには何をすればいいかを考えるプロジェクトです。ＡＰＵは海外ではそれなりに知名度も高く、優秀な学生が集まります。一方で、残念ながら日本国内ではまだまだ知られていないのが実情です。このプロジェクトは2019年に「授業の質高度化検討委員会」として衣替えしました。

これら計5つのプロジェクト、あるいは他の大小様々な施策はすべて、「ＡＰＵをもっとユニークな存在にし、より一層、尖らせていきたい」という考え方がベースにあります。決して、既存のものさしで優秀な学生を呼ぼうとは考えていません。こんな立地にある小さな大学が「東大に追いつけ追い越せ」をうたっても、実現は難しい。なにより楽しくないでしょう？

ＡＰＵを圧倒的に尖った大学にすること。比較対象がない大学にすること。これが、僕が目指している「ＡＰＵ経営」です。

学長になってまず勉強したのは「法律」

「大学のマネジメントと民間企業の経営は本質的には変わらない」と述べましたが、大学経営に携わるにあたって初めに勉強したことは、「法律」でした。

ライフネット生命とAPUの大きな違いとして、まず「法律」が挙げられます。保険会社を経営するには、保険業法や保険法、金融商品取引法など、様々な金融関係の法律を理解しなければなりません。保険会社はそもそも何をなすべきかといった理念、何をしてはならないのかといったルールがそこには明記されています。

一方で大学の場合は、教育基本法や学校教育法といった法律の中で、高等教育の在り方や役割が定められています。理念やルール、考え方を知りたければ「まず法律から」なのです。

実はこの「まず法律を読め」という考え方は、JR東海の社長やNHKの会長を務められた松本正之さんに教えてもらいました。僕と同じ三重県出身で、県人会でお目にかかったのですが、そのとき「NHKの会長になると決まったとき、まず電波三法と、その中核を成す放送法を読み込んだ」といわれたのです。

松本さんは次のように語ってくれました。

――自分は新卒で入社して40年以上JRに勤めていたため（注：入社時は国鉄）、運輸関係の法規は熟知していた。しかし公共放送については全くの素人。「経営」という仕事は同じでも、その組織のよって立つべき理念や考え方は全く違う。それらは法律に書いてあるはずだと考え、まずは放送法を読んだ。すると、NHKという組織は何をすべきで何をしてはならないかが理解できたので、それを頭にたたき込んだ――

法律は「取扱説明書」

法律とは何かと問われれば、僕は「取扱説明書」だと答えます。

その分野がどのような考えでできていて、どのように取り扱えばいいのかを細かく記した説明書です。初めて使う機械を操作するときにはまず取扱説明書を読むように、新しい業界に入るときにはその分野の法律を学ぶ。松本さんの「まず法律」という考えがとても腹に落ちたので、僕もまねさせてもらったというわけです。

余談になりますが、フランス大統領エマニュエル・マクロンが書いた『革命 仏大統領マクロンの思想と政策』（ポプラ社）という本は読まれたでしょうか。一見、大統領選に出るためのプロパガンダ本のようですが、彼の生い立ちから思想、彼が描く未来までもが見事に表現された魅力的な一冊です。

特に僕が感心したのは、マクロンが第五共和制の憲法を彼なりに読み解いているところでした。その解釈をもとに、「フランスという国家は1つのプロジェクトであり、第五共和制の目指すところは、人々を様々な制約から解放するところにある」と定義しています。

では一体どのように人々を解放するのかというと、「新しい人」を国会に入れることによってだとマクロンは述べます。

自らや特定の集団の利益のために働くプロの政治家ではなく、女性や若者など政治の素人である「新しい人」が政治に携わることによって、初めて革命が起こる。人々を解放できる。一般人が政治に参加することで、右でも左でもない「前」に進むことができるのだ、と。こう考えてマクロンは自分の政党を「前進」と名付けたのです。

この強いメッセージは、「憲法」という確固たる理念にのっとってフランスという国家を定義し直すところから始めているからこそ、揺るぎないものになっているのでしょう。

実際、彼が大統領になって行われた国民議会選挙では、女性が当選者のほぼ半数を占めました。彼の思惑通り、「新しい人」が国会に入ったのです。

もっとも、「黄色いベスト運動」への対応などを見ていると、マクロンの政治家としての統治能力は万全とはいえないような気もしますが、彼の思想家としての能力は超一流だと思います。

組織や国のあるべき形は、「取扱説明書」である法律や憲法にこそ明記されています。ここを無視しては、地に足のついたビジョンは描けないのです。

僕も学長に決まってから、教育に関係する法律をかなり読み込んできました。そのうえで、これからの日本……いや、世界を担う人材を育てる高等教育機関として、

ＡＰＵはどうあるべきかを考え続けてきました。

ＡＰＵの国際学生を求める企業の声が増えてきた

学長としての僕の大きな仕事の一つは「広報」です。この素晴らしいＡＰＵという大学を知ってもらう。興味を持ってもらう。それさえできたら、ＡＰＵは有名大学とも十分に渡り合えると確信しています。この「まずは認知してもらう」というスタンスは、まだ何の知名度もない生まれたばかりのベンチャーだったライフネット生命時代から変わっていません（僕のＳＮＳはライフネット生命の広報に指示されて始めました）。

そのためにまず僕ができることは、メディアにＡＰＵを取り上げてもらうことです。メディアからの依頼は、スケジュールが合うときは、ほぼすべてをお受けしています。

その成果かどうかは分かりませんが、大学ブランドイ・メージ調査（日経ＢＰコンサルティング）によると、学長就任以来、首都圏におけるＡＰＵの認知度は有識者で10ポイント、父母では20ポイントほどアップしています。それでもまだ40パーセント程度ですが、前向きに捉えれば1割以上はアップしたといえるでしょう。

……と、まるで自分の手柄のように語ってしまいましたが、この功績はなによりも在京のAPUスタッフのがんばりが主因です。首都圏を中心にたくさんの高校を訪れてAPUの魅力を語ったり、高校生対象の特別授業を企画したり、高校の先生方を交えたディスカッションを開催したり。地道なPR活動が実ったことを表す数字だと思っています。

一方で、早稲田大学や慶應義塾大学、上智大学などの名門私立大学の認知度は、90パーセントを超えています。APUはまだまだ「有名大学」にはほど遠いのが現状です。ただ、20年しか歴史のない大学が100年以上の歴史を持つ大学に勝とうと思っても一筋縄ではいかないのが当たり前。ですから、大きな伸びしろがあると捉え、引き続き広報の仕事に力を入れていくつもりです。

認知度は高校生やその保護者に対してはもちろん、企業や社会に対しても高めていかなければなりません。具体的には、就職活動などで「APU」というブランドが圧倒的な武器になる状態を目指そうと思っています。

実際、それは不可能なことではないと感じています。ある記者の方からは、「企業の人事担当から『APUの国際学生を採用したい』という声をよく聞くようになった」とうれしい言葉もいただきました。それは日本企業が、少しずつ世界に活路を見い出している証ではないでしょうか。

「日本はもうマーケットが大きくならない、世界に出ていかないといけない。とはいえ、いきなり社内公用語を英語にするのは難しい。しかし、日本文化も知らない、日本語もしゃべれない人材を採用するのにも腰が引ける。また、ただ複数の言語が話せるだけで仕事ができない人材では話にならない」

こうした企業側の思惑と強いニースがあり、APUの国際学生が求められているのだと思います。

確かにAPUの国際学生は、ただの「外国人」ではありません。極めて優秀でハイレベルな学生が、世界中から集まっています。出身校をみると、日本でいうところの灘や開成レベルの高校ばかり。英語力も際立っていて、志願者のTOEFL iBTテストの平均は約90。これは東大生よりも高いレベルです。

母国語と英語と日本語の3カ国語が話せるうえに、地頭もいい。初めから「大学院までが学歴」と捉えている学生も多く（国際学生の約4分の1が大学院に進学します）、ハーバード大学やオックスフォード大学、東京大学や京都大学といった難関の大学院に次々と進学していきます。地方の大学でこのような進学実績をあげているところは、ほとんどないでしょう。APUの国際学生が海外進出をもくろむ企業が欲しい人材であるのは間違いありません。

なぜ、こんなにも優秀な学生が世界中から、特に東南アジアからAPUに集まるのか。それは「英語で受験でき、授業を受けられる」「秋入学・卒業を行っている」「国際認証を取得している」「卒業生の組織が強い」といった様々な理由がありますが、実は「学費の安さ」も大きな要因の一つです。

学費が「3分の1以下」だから日本を選ぶ

アジアの中でも、中国や韓国など先進国の優秀な生徒はアメリカの大学を目指すことが多いのですが、アメリカの有名大学は学費だけでも年間500〜600万円以上かかります。経済的に余裕がなければ、子どもを進学させることは難しい。東南アジアになると、気軽に「アメリカの大学に行ってもいい」といえる家庭はそう多くはありません。

国内では裕福なほうではあるが、さすがにそこまでの費用は出せない。けれども子どもは難関校に通っていて、能力もある。海外の大学で、できるだけいい教育を受けさせたい。そう考える東南アジアなどの保護者が選ぶのが、APUなのです。

APUの学費は年間150万円程度と、アメリカの有名大学の3分の1以下。しかも「安かろう、悪かろう」ではなく、TedQualとAACSBという2つの国際認証を取っていて教育レベルも担保されている。つまり、APUは「国際水準のいい教育を比較的安価で受けられる大学」と捉えられているわけです。

APUとしては、こうして海外からやってきた優秀な国際学生が卒業後も活躍できるよう、企業とのつながりを、より強固なものにしていかなければなりません。そのためにもまずは、企業に対する認知度を上げていく必要があるのです。

2019年4月に九経連（九州経済連合会）と連携協定を結んだのもその一環です。

また、これは採用とは別の話ですが、企業と学生とのコラボも積極的に推し進めていきたいと考えています。例えば、福岡の老舗高級ホテル「ホテルオークラ福岡」の支配人から「アジア諸国などからのインバウンドの受け入れを今後増やしていきたいが、どんな魅力的なサービスや商品を提供し、改善していけばよいのか分からない」という相談をいただき、試験的に国際学生たちと協働してこの課題に取り組んでいます。APUには、まさに「アジア諸国の若者」がたくさんいますからね。

このケースのように、世界展開を見据えているグローバル企業とのつながりをさらに増やしていきたいと考えています。APUをグローバル展開のハブに使っていただくことで、お互いにいい関係を作っていける。そう確信しています。もっともっと企業や社会にAPUを知ってもらい、APUを使ってもらいたいのです。

「世界トップ200大学」に日本はたったの2校

大学が国際競争力を高める1つの方法

大学ランキングや国際認証の話の中で、APUが取得している2つの国際認証を日本国内で取得している大学は少ないと述べましたが、あらためて「日本の大学はどうあるべきか」という大きなテーマについて考えてみたいと思います。

「枯れ木も山の賑わい」の学長候補だと思っていた初めてのインタビューでAPUの皆さんと出会ったとき、かねてより感じていた日本の大学の問題点について話しました。

門外漢だった当初から現在に至るまで僕が一貫して問題だと考えているのが、「国際競争力の低さ」です。例えば「THE世界大学ランキング2020」でトップ200にランクインしたのは、東京大学（36位）と京都大学（65位）の2校のみ。

THE世界大学ランキング2020

順位	大学名
1（1）	オックスフォード大学（英）
2（5）	カリフォルニア工科大学（米）
3（2）	ケンブリッジ大学（英）
4（3）	スタンフォード大学（米）
5（4）	マサチューセッツ工科大学（米）
6（7）	プリンストン大学（米）
7（6）	ハーバード大学（米）
8（8）	イェール大学（米）
9（10）	シカゴ大学（米）
10（9）	インペリアル・カレッジ・ロンドン（英）
36（42）	東京大学
65（65）	京都大学

イギリスの高等教育専門誌「THE（Times Higher Education）」調べ
順位のカッコ内数字は2019版の順位

日本の経済規模を考えると、2校しかランクインしていないというのは純粋に格好悪いと思いませんか。

では、なぜ日本の大学は国際競争力が低いのか。そもそも大学の競争力には様々な要素が複合的に絡みあっていますが、結局のところは「世界中から優れた学生を集める力」だといえます。大学の教育レベルや研究レベルが高く、世間の評判が良ければ、優秀な学生が国境を越えてやってきます。つまり、国際競争力が低いということは、日本の大学は世界中の学生から選ばれていないということです。それはなぜか。

地理的、言語的な要因はもちろんのこと、最も大きな（そして改善可能な）要因は、「秋入学を実施していないこと」に尽きるのではないでしょうか。

世界を見渡してみると、ほとんどの大学は秋入学を実施しています。それに伴う入試の時期も、春入学を実施している日本の大学とは半年ズレている。米国の学生も中国の学生もインドネシアの学生も、本命の秋入学の入試に向けて学力・体調・メンタル面などのピークを調整しつつ、勉学に励んでいるのです。他国の大学を併願するにしても、よほどの理由がなければ日本の大学を選ばないことは容易に想像できます。

現に、APUに入学する国際学生は、ほとんどが英語で入試を受けて秋に入学してきます（国内学生の大半は日本語入試、春入学です）。「どうしてAPUには国際学生が集まるのか」とよく聞かれますが、春と秋の年2回の入試・入学システムを取り入れている影響が大きいでしょう。

秋入学の効果は明らかなのに、なぜほかの大学では採用されにくいのか。まず現実的な話をすれば、「準備が大変だから」だと思います。身も蓋もない話に聞こえるかもしれませんが、実際問題、現場の苦労は計り知れません。学長としては入学式と卒業式の挨拶がそれぞれ年2回になる程度の変化ですが、教員や事務職員はそうはいかない。単純に仕事量が2倍近く増えてしまいますから、「では来年から秋入学を実施しましょう」と簡単にいうわけにはいかないのです。

もう一つの大きな理由は、そもそも日本の大学が国内にしか目を向けていないからです。「学生は日本国内から日本人を集めるもの」と思い込んでいるから、春入学の慣例を疑わない。すべてをグローバル基準に合わせればいいというわけではありませんが、日本の18歳人口が減る中で優秀な学生を確保しようとすれば、世界に目を向ける必要性は十分あるはずです。

世界の人口は増え続けており、経済社会の発展に伴って大学の需要は急増しています。インドでは1200校も大学が足りないといわれているほどで、グローバルに見れば大学は有望な成長産業なのです。

秋入学以外にも、日本の大学が世界の大学と大きく異なる点、そして僕が課題と感じている点があります。

その一つが、「大学に通う年齢」です。先進国クラブであるＯＥＣＤ（経済協力開発機構）の加盟国平均では、25歳以上の大学生が全体の20％以上を占めているのに対して、日本はなんと２％以下です。

グローバルに見れば、大学は一度社会に出たあと、学び直すために行く場所でもあります。それなのに日本の大学では、「高校を卒業したばかりの18～22歳の日本人」が学生のほとんどを占めているのです。国籍面でも人生経験的にも年齢的にも、大きくダイバーシティ（多様性）に欠けている状態です。

大学は勉強するところですが、教員の質が高いだけでは決して「いい教育」はできません。議論や雑談の中から、学生同士が学び合うことが非常に大切だからです。大学は、学生が主体的に学び、教職員がそれをサポートする場所。それなのに、ビジネスパーソンもいなければリタイアした高齢者もいない、違う宗教観を持つ外国人もいないのでは本当の意味での「いい教育」は実現できません。

価値観や年齢、バックグラウンドが異なるあらゆる人たちとディスカッションしながら合意点を見つけるのが、実社会のリアルでしょう。であれば、それに近い環境で学ばなければ本当の教育にはならないのです。

大学は一大産業であり、輸出産業

日本の大学の国際競争力が低い理由について話してきましたが、では世界で最も「大学が競争力を持っている国」はどこでしょうか。

これは当然、アメリカです。大学の競争力は世界中から優秀な学生を集める力のことだと述べましたが、アメリカには現在およそ100万人もの留学生がいるといわれています（日本は14万人弱）。

アメリカの大学で1年間過ごすためには、およそ1000万円の費用がかかります。内訳は授業料が600〜700万円、生活費が300〜400万円。これが最低ラインとなります。

これらの数字が何を意味するか分かるでしょうか？

1000万円のキャッシュを持ったエリートが、世界中から100万人集まるということです。つまり、アメリカには毎年10兆円もの有効需要が生まれている。大学は一大産業であり、輸出産業といえるのです。ちなみに日本で10兆円以上を稼ぎ出している輸出産業は部品などを含めた自動車産業だけです。

しかも、ただ人が集まるだけではありません。優秀な頭脳が集まるわけですから、その場かぎりの有効需要だけではなく、未来のＧＡＦＡやユニコーンをも生み出します。つまり新しい産業を生み出す源泉になる。これがアメリカの強みなのです。

そもそも世界では、大学は一大産業だと当たり前に認識されています。例えばヨーロッパは「アメリカに優秀な人材を取られてはいけない」と考え、いまから30年以上も前の１９８７年に「エラスムス計画」（ＥＲＡＳＭＵＳ＝European Region Action Scheme for the Mobility of University Students）を立ち上げました。

エラスムス計画は、ＥＵ間（発足当時はＥＣ）の学生と教員の流動化を図ることでＥＵへの留学を促進しようとしたものです。簡単にいうと「留学先にヨーロッパを選んでくれたら1年間はパリ、1年間はローマで学ぶことができますよ」という制度。つまり、これを世界中から留学生を募る看板政策としたわけで、30年以上も前からヨーロッパはグローバルな視点で大学を考えているのです。

一方で日本は、いまだにその視点を持っている大学関係者が少ない。国内にばかり目を向け、人口減少をただ憂えている時点で、何周も遅れていることが分かります。

余談ですが、イギリスの名門オックスフォード大学は、その成り立ちからしてグローバルです。12世紀に、フランスの名門パリ大学は既に世界中から学生を集めていて、イングランドからも多くの若者が留学していました。しかしヘンリー二世は、フランスと領土戦争を起こした際に、イングランドの若者がパリ大学に行くことを禁じます。要するに「大金を持ってフランスに行くなど言語道断だ」と考えたわけです。

すると当然、イングランドの優秀な若者は「じゃあ僕たちはどこで勉強すればいいのですか」と不満を抱きます。そこでヘンリー二世は、オックスフォード大学をつくった。「パリ大学に行かなくても勉強はできますよ」というわけです。こうして生まれたオックスフォード大学は、やがてパリ大学をも超える国際的な名門大学になりました。

つまり、ヘンリー二世の時代から、大学はグローバル産業として互いに競ってきたのです。日本の大学もそろそろ12世紀のイングランドに追いつかないと、手遅れになってしまうのではないでしょうか。

ちなみに、日本の大学は国際競争力に〝欠ける〟と指摘しましたが、国際競争力が〝ない〟わけではありません。日本の大学でTHE世界大学ランキングのトップ200校に入っているのはわずか2校ですが、実はトップ1000校（世界の大学数は約2万5000校に及ぶのでトップ5％以内ということになります）を見るとかなりの大学が入っており、大学数では米国、英国、日本の順となっています。

企業の採用基準が変われば、大学も変わる

国際競争力を上げるために大学ができる施策はたくさんありますが、誤解を恐れずにいうと、大学のレベルを上げるのは大学自身というよりその国の企業だと考えています。なぜか。現実問題として、大学には就職のために行くという一面が少なからずあるからです。要するに、「いい企業に入りたいから、いい大学に行きたい」と考えるわけです。

例えば企業が社員を採用する際に「年齢フリー（不問）」という基準を設けるだけでも、一度社会に出たあと大学に戻り、勉強し直す人が増えるでしょう。ましてや「新卒は一浪一留まで」などというおかしな基準は、大学と企業の双方に画一化をもたらす要因となっているので、即刻廃止すべきです。

さらに、企業側が成績基準の採用を行ったり「成績で『優』が7割以上なければ面接はしない」と決めたりすれば、多くの学生は在学中に、必死に勉強するようになるでしょう。実際に欧米の先進国では、大学の成績を基に採用・不採用を決める企業が多数派です。すると学生は、希望する企業から内定をもらうために、アルバイトやサークル活動よりも勉学を優先するようになります。

ある調べによると、日本の大学生の読書量が4年間で100冊に満たないのに対して、アメリカの大学生は400冊以上の本を読むといわれています。勉強へのモチベーションが読書量に如実に表れているのです。

問題は、今の日本企業の採用が面接重視であることでしょう。しかもボランティアやサークルでのリーダーシップ経験やコミュニケーション能力などばかりをチェックして、肝心の大学での勉学内容については踏み込んで聞かない。これは、製造業の工場モデルをベースに作られた高度成長期の採用方式の遺産です。

つまり5要素（偏差値がそこそこ高く、素直で、我慢強く、協調性があって、上司のいうことをよく聞く）に優れた人材を採用するのに適した仕組みであって、それが個性や創造性が求められる現在でもまかり通っているのは、あまりにおかしな話だと思うのです。

これに対して成績を評価する採用システムは、非常に合理的です。自分で選んだ大学で高いパフォーマンスを上げた人は、自分が選んだ職場でも高いパフォーマンスを上げる蓋然性が高いからです。

一つ、おもしろい話があります。あるとき、かの有名なニューヨーク・フィルハーモニックで、ブラインドオーディションが導入されました。応募者の前にスクリーンを置いて、姿が見えない状態で審査をしたのです。

すると、どうなったか。それまでは若い白人の男性ばかりが選ばれていたのが、女性が増え、様々な人種が増え、高齢者が増えたそうです。結果的に、オーケストラのレベルも格段に上がりました。

この話の教訓は、「面接は当てにならない」ということです。リクルート社の調査でも、採用面接と入社後の社員のパフォーマンスの間には全く相関関係がなかったそうです。

コンサートマスターや音楽監督といったプロフェッショナルであっても、見た目にだまされてしまう。ですから企業で5年、10年、人事を担当したおじさんが「オレには人を見る目があるで」なんて、うぬぼれもいいところです。

学生を採用するときには、まず「成績」を見る。これが最もシンプルで合理的だということが、よく分かるエピソードではないでしょうか。

第3章

とにかくおもしろい大学それがAPU

APUが持つ「圧倒的な2つの強み」

「グローバルな同窓会組織」が強い

学長に就任して数カ月間、大学の様々な仕組みや業務を学ぶのと並行して、僕は「APUが他の大学より優れているところは何か?」を考え続けていました。

麻雀やポーカーでも、初めから国士無双やロイヤルストレートフラッシュだけを狙っていたのでは勝負には勝てないでしょう。大切なのは、配られた手持ちの牌やカードにどんなものがあるかをよく見極めたうえで、どんな手が打てそうかを考えること。戦略とは、手持ちのカードを知り尽くしたうえで、初めて考えることができるものなのです。

比較対象には、せっかくですから「日本一」といわれている東京大学や慶應大学を置きました。東大や慶應と比べれば、APUは偏差値では確かに劣っています。歴史も短いし、知名度も低い。しかし、あらゆる要素を比較する中で、僕はAPUの圧倒的な強みを2つ発見しました。

1つ目の強みは「グローバルな同窓会組織の強さ」です。全世界に散らばっている卒業生の愛校心の強さ、と言い換えてもいいでしょう。

APUは非常にユニークな大学です。キャンパスは別府の山の上にあり、お世辞にも恵まれた立地とはいえない。一方で、日本で最もグローバルな教育環境にあり、ただ偏差値が合っていたという理由だけで志望した学生はほとんどいない。もちろん、「とりあえず大学は都会に出たい」という学生もいません。

だからこそ、APUの学生は愛校心が非常に強い。辺鄙《へんぴ》な場所にある、しかも有名大学と比べると知名度はさほどない大学を、自分の意志で選んだという自負がある。卒業生はAPUでしか経験できない学びを得てきたという誇りを持っている。

それは卒業後も薄れることはなく、むしろ深まるばかりで、別府を「第二の故郷」と思うようになるのです。国連で働くフィリピン人の卒業生が長期休暇を使ってまっ先にＡＰＵに舞い戻り、後輩たちの面倒を見ている姿を見たこともあります。せっかくの休暇に故郷に帰る前に母校でボランティアをする人が、他の大学にどれほどいるでしょうか。こうした「ＡＰＵ愛」が、結果として同窓会組織のつながりを強固にしているのです。

また、ＡＰＵがこの20年間で輩出した卒業生はおよそ2万人にのぼります。決して多い数ではありませんが、ポイントは、その半分が国際学生だということ。ＡＰＵの同窓会は既に世界26の地域に支部があり（国内は10支部）、そのつながりの広さと深さは間違いなく「日本一」です。

なぜそう断言できるのか。例えば日本で最も強い同窓会組織は恐らく慶應大学の三田会で海外にも支部がありますが、その多くが駐在員。つまり一時的に住んでいる人ばかりです。

一方、ＡＰＵは世界各地に１００人規模の同窓会がありますが、ここに集まるのは母国に戻った卒業生が大多数です。そこで働き、一生を過ごす人が多いのです。どちらがグローバルで強固なつながりをつくれるかは明らかでしょう。

世界26の地域にあるAPUのグローバルな同窓会。写真はタイ支部

APUの1期生はまだ40歳前後ですが、既にポリネシアのトンガで観光大臣を務めた卒業生がいたり、インドネシアで州の副知事を務めている卒業生がいたりします。まだまだ若い彼ら彼女らですから、これからどんどんグローバルなフィールドで存在感を示していくのは間違いありません。僕はいつ国際機関のリーダーや大統領、首相が生まれるかと、心待ちにしています。

いかがでしょう。東大や慶應と比べてもグローバルな同窓会組織や卒業生の存在が「圧倒的に強い」と断言できる理由が分かっていただけたでしょうか。

国籍だけではない「ダイバーシティ」がある

2つ目の強みは、これまでにも触れてきたようにＡＰＵのキャンパスが圧倒的なダイバーシティ（多様性）を持つことです。

この点では東大や慶應をぶっちぎっていると思います。学生の半分が国際学生という大学は他にはありませんから、当然といえば当然です。学食に座ってランチをとっていると、あらゆる言語が耳に飛び込んできます。

しかし、ＡＰＵのダイバーシティは国籍や人種だけの話に限りません。

この学食では、大学生に混じって小学生がウロウロしている姿をよく目にします。彼らは、大分県全域の小学校からやってきた子どもたち。なんと月に1000人、年間で1万2000人もの児童がＡＰＵにやってくるのです。

バスに乗って「下界」からやって来た小学生は、大学生に混じってまず学食でランチを食べます。そして、数人の国際学生に対して英語でインタビュー。それが終わったら小学校へ戻り、インタビューした学生の出身地域を世界地図で探し、文化や歴史を調べます。

こうした体験を通じて、大分県に居ながらにして腹の底から「世界にはいろいろな人がいるんだな」と実感できるのです。小学生のうちから机上だけではない「リアルな地球」に触れることができる。なかなか素晴らしい環境だと思いませんか。

小学生が大学生をつかまえて、「Where are you from?」と尋ねている姿に最初は驚きましたが、今ではすっかり見慣れた光景でほほ笑ましくなります。

以前、引率で来られた大分県日田市の小学校の校長先生は、「児童はもちろん先生方もこの活動をとても楽しみにしている」とおっしゃっていました。

先生が英語や地理を勉強する必要性をどれだけ語っても、残念ながら子どもたちの腹には落ちない。しかし、自分とは違う肌の色を持ち、自分とは違う言葉を話す人たちにインタビューをするというたった一度の体験が、彼らの「知りたい」「勉強したい」という気持ちに火を点けるというのです。

APUが学びの楽しさを伝える一助になっているのは、とてもうれしいことです。

「純粋培養」は生物として不自然

ダイバーシティ、すなわち多様性は、国籍や文化、宗教、そして年齢、職業といったあらゆる属性の人間を混ぜることで生まれます。しかも「混ぜると強くなる」のです。2019年のワールドカップラグビーの日本の「ONE TEAM」のように。日本代表が仮に日本人だけで構成されていたらベスト8に進めたでしょうか。

しかし日本の学校や職場を見渡すと、日本人が大多数です。意識的に混ざろうとする気持ちがなければ、なかなか「混ぜる体験」ができない環境だといえます。

最近では「ダイバーシティ」という言葉も浸透し、その大切さを認識する人が増えてきました。これは聞いた話ですが、以前なら子どもを私立の小学校に通わせていた裕福なご家庭でも、最近はあえて公立小学校に通わせる保護者が増えてきたそうです。なぜなら、公立の小学校のほうがダイバーシティを感じられるから。世帯収入や家族構成、職業の違いなど、あらゆる価値観に触れられるから、ということのようです。

郵 便 は が き

料金受取人払

葛西局承認

2100

差出有効期間
2021年12月31日
まで（切手不要）

1 3 4 - 8 7 4 0

日本郵便株式会社
葛西郵便局 私書箱20号
日経BP読者サービスセンター

『ここにしかない大学』係 行

ご住所	〒□□□-□□□□ □自宅 □勤務先 （いずれかに☑印を） （フリガナ） TEL（ ） —		
お名前	姓（フリガナ）	名（フリガナ）	
Eメールアドレス			
お勤め先	（フリガナ） TEL（ ） —		
所属部課名	（フリガナ）		

※ご記入いただいた住所やE-mailアドレスなどに、DMやアンケートの送付、事務連絡を行う場合があります。
このほか「個人情報取得に関するご説明」（https://www.nikkeibp.co.jp/p8.html）をお読みいただき、ご同意のうえ、ご記入ください。

より良い作品作りのために皆さまのご意見を参考にさせていただいております。ご協力よろしくお願いします。(ご記入いただいた感想を、匿名で本書の宣伝等に使わせていただくことがあります)

A. あなたの年齢・性別・職業を教えて下さい。

年齢(　　　)歳　　性別　男・女　　職業(　　　　　　　　)

B. 本書を最初に知ったのは

1. テレビを見て(番組名　　　　　　　　)
2. 新聞・雑誌の広告を見て(新聞・雑誌名　　　　　　　　)
3. 新聞・雑誌の紹介記事を見て(新聞・雑誌名　　　　　　　　)
4. 書店で見て　5. 人にすすめられて　6. インターネット・SNSを見て
7. その他(　　　　　　　　)

C. お買い求めになった動機は(いくつでも可)

1. 内容が良さそうだったから　2. タイトルが良かったから　3. 表紙が良かったから
4. 著者が好きだから　5. 帯の内容にひかれて
6. その他(　　　　　　　　)

D. 本書の内容は

1. わかりやすかった　2. ややわかりやすかった　3. やや難しかった　4. 難しかった

E. 本書に対するご意見・ご感想、ご要望などありましたらお聞かせください。

ご協力ありがとうございました。

僕も、セパレートされたガラス箱の中で過ごす同質集団の「純粋培養」は、生物として不自然だと考えています。

家庭環境のいい子どもが集まる環境は親としては安心かもしれませんが、どうしても「生まれ育ちが似た人とばかり付き合う」ことになってしまいます。それでは、生物として弱くなる。いわゆる「不良」がいたり怠け者がいたりする雑多な集団の中で、社会にはいろいろな人がいるという生きた感覚を身に付けていくのが、教育本来のあるべき姿ではないでしょうか。

少し話が脇道にそれますが、建築家のル・コルビュジエが打ち立てた「光り輝く都市」という理念があります。ブラジルの首都ブラジリアのような計画都市がその典型で、縦横に大きい道路が通った碁盤目の、秩序ある都市をイメージしてください。自動車と歩行者を分ける「歩車分離」だけではなく、居住地域や商業地区、文教地区といったゾーニングも徹底されています。つまりセパレートされているのです。

こうした「光り輝く都市」を、アメリカのジャーナリストであるジェイン・ジェイコブズは真っ向から否定しました。彼女は『アメリカ大都市の死と生』という名著の中で、「路地は人々のコミュニケーションを生み出す」「居住地域も商業地域も、あらゆる要素が混ざっているほうが都市は活性化する」と主張したのです。

20世紀の都市計画の思想は、ル・コルビュジエの「光り輝く都市」と、ジェイン・ジェイコブズの「混ぜる都市」の戦いだったと総括してもいいでしょう。

では、その戦いの結果はどうだったか。もちろん単純な勝ち負けではありませんが、ジェイコブズの勝利だと考えられています。ぐちゃぐちゃに混ぜた都市の方が都市の生命力が強くなる、分断された都市は脆弱になってしまう、と。僕も断然、ジェイコブズ派です。

これは、社会全体にも同じことがいえます。つまり、同質性の高い環境は一見すると心地よく感じられる一方で、脆くて持続可能性に乏しいのです。

「双方向」で混ざっていく

さて、話をAPUに戻しましょう。小さな地球、若者の国連であるAPUを、ジェイコブズが理想とする都市のようにさらにぐちゃぐちゃに混ぜ、より多様性のある場にするためにはどうすればいいか。

僕はツーウェイ、つまり双方向で行き来することがとても大切だと考えています。ありとあらゆるステークホルダーにＡＰＵに来てもらう。我々もありとあらゆるところに出向いていく。

ＡＰＵは大分県内のすべての市町村と協定を結んでいます。所在する都道府県内のすべての市町村と協定を結んでいる大学はなかなかないと思いますが、ＡＰＵはそれで満足しているわけではありません。日本全国の市町村や世界中の大学とつながり、学生を送り込み、また同時に受け入れています。

例えば、宮城県気仙沼市。２０１６年から友好協定を結び、人材育成において共に取り組んでいます。その一つが、「高大連携」。ＡＰＵの学生が気仙沼にインターンに行き、気仙沼の高校生がＡＰＵに勉強に来る取り組みです。

従来の大学では、こうした協定は将来的な学生確保の狙いで結ばれるものがほとんどでした。しかし、気仙沼は東日本大震災の被災地。私学であり、それなりの学費が必要となるＡＰＵに実際に進学する生徒はほとんどいません。

それでも僕は、この取り組みには大きな意義があると感じています。世界に開かれた港町・気仙沼で暮らす高校生たちがAPUというグローバル色豊かな環境で学び、刺激を受け、「世界は広くて近い」ことを理解してくれたら高大連携としては大成功だと思うのです。

それに、APUの学生も「気仙沼ニッティング」など気仙沼ならではの企業や、地元企業でインターンとして働かせてもらうわけですが、これがとてもいい学びになるのです。

一例として、タイ出身のある学生は、気仙沼の企業が経営する人気カフェ「アンカーコーヒー」でインターンを経験しました。もちろん、ただカフェでアルバイトをするだけなら、わざわざ気仙沼に出かけて行く意味がありません。しかし彼女はこのカフェの店長に「タイウィーク」を設けてもらい、タイ料理のランチをすべて担当。レシピ作成から仕入れ、原価計算などのコスト管理まですべて――つまり、1週間のランチの「経営」を任せられたのです。

気仙沼にはタイ料理の専門店がありません。そのため地元の人にも喜んでいただき、ランチも過去最高に近い数が出たと聞いています。

このカフェは「気仙沼と世界をつなげたい」と継続してＡＰＵの学生を受け入れてくださっています。学生が来るたびにその出身国のウィークを設け、メニューを追加してくださっている。学生としても飲食店ビジネスを経験できるだけではなく、自国の食文化を気仙沼に伝えることができるわけです。

ちなみに、タイ人の彼女はカフェの運営会社が海外ビジネスに使う資料を英語に翻訳する仕事も請け負い、ＡＰＵ生らしい活躍も見せたそうです。

大学は地域に愛されて初めて成功する

「混ざる」バリエーションとしては、学生が地元・大分の農家を手伝いにいくこともよくあります。農家は働き手を確保できるし、国際学生は日本の進んだ農業を学ぶことができる。さらにはお米を使った餅やおかきなどの製品作りを体験することで、農作物に付加価値を付けていく「６次産業」まで学べるのです。

実際、農家体験に行った中国の学生が開発した大分名産のしいたけを使ったスープは、ヒット商品になっています。その名も、「山の上のしいたけスープ」。ＪＡＬ（日本航空）のラウンジでも出されて好評を博したこともありました。大分の物産館などでも販売しているので、ぜひ飲んでみてください。しいたけの風味が良く生クリームが濃厚で、とてもおいしいですよ。

もちろん農家体験も、一方的に学生が訪ねていくだけではありません。学生を受け入れてくださった地元農家の皆さんも、キャンパスで開かれるイベントに気軽に遊びに来てくれます。「久しぶり！」「元気でしたか？」といったやり取りが、キャンパスの至るところで交わされる。こちらから出向き、あちらからも来てもらう。まさに双方向、ツーウェイですね。前述したように、大学は地域に愛されて初めて成功する。ＡＰＵはそう考えています。

人間は、自分がよく知らないものを愛することはできません。ＡＰＵの場合、知らなければ愛着が湧かないどころか、「外国人がたくさんいて怖い」と思われる可能性もある。お互いに行き来することによって地域の方もＡＰＵを理解できるし、我々も地域を理解できるのです。

地元から世界まであらゆる場所と人を混ぜようとするAPUのことを、僕たちは「グローカルな大学」と呼んでいます。「グローバル」と「ローカル」。今後は、双方向で混ざっていく取り組みを一層強化していきたいと思っています。別府市教育委員会と覚書を結び、小中高校生が英語や様々な文化を学ぶコラボレーションに取り組んでいるのも、その一つの表れです。

イノベーションは多様性から生まれる

ダイバーシティ豊かな教育環境は、それ自体が素晴らしいことです。APUの大きな「強み」だといえます。しかし、ただ「好ましい環境」なだけではありません。いま、日本社会になにより求められているイノベーションを生み出すうえでも、「これ以上の環境はない」のです。

イノベーションは、「既存知」と「別の既存知」の組み合わせによって生まれるといわれています。経験則によると、その組み合わせる「既存知間の距離」が遠いほどおもしろいアイデアが生まれ、反対に距離が近い同質集団からは、新しいアイデアはなかなか生まれないそうです。

例えばアメリカのシリコンバレーには、いろいろな国から様々なバックグラウンドを持つ高学歴の人々が集まった。だからこそ、あれほどイノベーティブな地になったわけです。

僕はここに引っかかりました。ＡＰＵは日本で最も「混ざっている」、ダイバーシティ豊かな大学です。ということは、日本で最もイノベーションが生まれやすい場であるともいえます。つまり起業家・社会起業家を輩出するには最高の環境といえるはず。

実際、学長室をオープンにして「いつでも遊びに来ていいよ」というと、訪ねてくる学生のおよそ3分の1は起業やＮＰＯ、ビジネスプランの相談でした。「いいプランだから出資してほしい」と頼みに来た学生も、一人や二人ではありません。

それなのに、起業家精神にあふれた学生たちを大学としてはオフィシャルに支援していない。これだけ恵まれた環境にありながら、学生起業家の輩出にＡＰＵは本気になって取り組んでいない。

これは、大学側の怠慢じゃないか。僕はそう考えたのです。「手持ちのカード」を生かし切れていない状態ではないか、と。

周りを見渡すと、ご近所の九州大学に起業部がありました。すぐに九大に足を運んで刺激的な話をいろいろと伺い、「APU起業部」をつくることを決めたのが2018年の春でした。APU起業部については、とてもユニークな取り組みなので第4章で詳しく紹介したいと思います。

Ritsumeikan Asia Pacific University

驚くほど「人がユニーク」

キャンパスが異文化に染まる

ＡＰＵには、「マルチカルチュラル・ウィーク」と呼ばれるユニークなイベントがあります。ＡＰＵに通う学生の出身国や地域の言語や文化、慣習などを週替わりで紹介するイベントで、世界各地の国や地域、また国内だと沖縄の「ウィーク」などを開催してきました。

「マルチカルチュラル・ウィーク」は授業期間中、月に1～4回ほど開催され、企画や運営はすべて学生が担っています。ルールはたった1つ。実行委員会のメンバーは、その国や地域の出身者が5割以下でなければならないというもの。つまり、単なるお国自慢にならないように「混ぜている」のです。

インドネシアウィークの様子

どのウィークも最終日のグランドショーは実に見事なもので、学内はもちろん、別府市民の皆さんもわざわざ見に来られるほどです。

例えば、「インドネシアの栄光を広めよう」というコンセプトを掲げた「インドネシアウィーク」は素晴らしい盛り上がりを見せました。オープニング当日には、夏の日差しがふり注ぐキャンパスの中心でインドネシアの各地域や島を代表する様々な踊りのパフォーマンスが行われました。

学食ではインドネシア料理のナシゴレンやソトアセム（スパイスを多く使った

鶏肉のスープ）、グラメラ（砂糖椰子）を使ったプリンなどのメニューが登場。民族衣装を着て写真を撮るブースが設けられたり、インドネシア版お化け屋敷があったり、グランドショーではインドネシアの伝統的な踊り・サマンダンスを披露したりとイベントは盛りだくさん。キャンパス一帯が、日本とは思えないような雰囲気に包まれていました。

マルチカルチュラル・ウィークはいかにもAPUらしいイベントですが、制度やイベントだけでは語り尽くせない魅力が詰まっているのもAPUです。それは「人のユニークさ」。まず教職員がユニークで、楽しい人が多い。

まず、2つある学部の構成メンバーから見ていきましょう。アジア太平洋学部長の李燕先生（中国人、女性）を支える副学部長は日本人2人、アメリカ人、ウズベキスタン人の4人です。国際経営学部長の大竹敏次先生は、日本人2人に加えてカナダ人、韓国人の4人の副学部長を束ねています。恐らくわが国のグローバル企業よりも遥かに進んだグローバルな人材マネジメントを現実に行っているわけで、僕にはとうてい務まりません。1回生からハイデッガーを読ませる清家久美先生やインクルーシブ・リーダーシップセンター（ＣＩＬ）のセンター長を務めるライラニ・アルカンタラ先生など、多彩な先生方がそろっています。

学長室長の村上健さんのキャリアもユニークです。若い頃はＪＩＣＡ（国際協力機構）の一員としてパラグアイで「野菜栽培の指導」に打ち込み、英語やスペイン語を習得。帰国後はＮＧＯで働いたあと、大分で農業に従事したものの、一念発起して大学職員の道に進んだそうです。こうしたキャリアを持つ人材が大学に務めることは、あまり一般的ではないでしょう。

また、前副学長で「日本で初めて学長を国際公募で選ぶ」というチャレンジを推し進めた今村正治さんは、ＡＰＵ愛もキャラクターも強烈でした。地域貢献といっては別府の夜の町でよく飲食していましたね。

もちろん日々の授業や研究についても、教員全員がキャリアの長短にかかわらず熱心に取り組んでいます。ＡＰＵというユニークな場に共感して集ってくれた教職員はやはりユニークかつ志のある人が多く、目指すものが明確で教育熱心な人が多い。こうした人材によってＡＰＵは支えられているのだと日々感じています。

2020年4月、新型コロナウイルスの蔓延により、全国に緊急事態宣言が出されている中で、APUでは上半期の授業をすべてオンラインで行うことを決めましたが、先生方は熱心にオンライン授業に取り組んでくださっています。本当に頼もしい限りです。

僕の仕事は、そんな教職員の皆さんが「いい教育」や「いい研究」が伸び伸びと自由にやれる環境をつくること。それがひいては学生に還元されるのです。

ユニークなのは、学生も同じです。僕がキャンパスを歩いているとよく学生から声をかけられるのですが、こんなにおもしろい、変わった学生がいるものかと感心してしまいます。

〝ジョブズ君〟から突然届いたSOS

例えば、「スティーブ・ジョブズを超える」と公言している学生や、「マザー・テレサの後継者」を自認している学生。いずれも日本人ですが、志の高さが並大抵ではありません。

中でも〝ジョブズ君〟との出会いは強烈でした。ある日突然、フェイスブックのメッセンジャーでSOSが送られてきたのです。

「学長、助けてください！」

いったいどうしたのかと思いつつメッセージを読んでみると、クラウドファンディングを成功させるため、僕にSNSで情報を拡散してほしいというのです。要約すると、次のような内容でした。

学生3人で議論していたときに、現在の世界を知るためには中国の深圳《しんせん》を見に行かなければならないという話になった。3日後に出発する飛行機の格安チケットをその場の勢いで購入してしまったが、チケット料金は3人分で総額約10万円。ところが、3人の貯金を合わせても2～3万円しかない。

そこでクラウドファンディングで旅費を集めることにした。ただ、3人ともネット上の拡散力がない。学長はSNSのフォロワー数も多いし、友達も多いでしょう。拡散してくれませんか――。

僕は「おもしろい学生やな」と思ってその行動力に敬意を表し、SNSで「こんなことを考えている学生がいて、クラウドファンディングでお金を募っている」という情報をＳＮＳで拡散しました。そのせいかどうかは分かりませんが、無事に７〜８万円を集めることができたそうです。それを機に、ジョブズ君との交流が始まりました。

余談ですが、この学生の行動に対しては、２人の友人から全く違う反応がありました。

一つは、元大企業の役員からで「学生を甘やかしてはいけない。アルバイトをしてお金を貯めてから行くのが筋だ。無鉄砲な学生に甘い顔をして調子に乗らせてはならない」というもの。

もう一つが元官僚からで、「投資を決めてからファイナンスを考える。企業と同じ発想ができるこの子たちの将来が楽しみだ」というものです。

さて、みなさんはどう思われますか。そして、どのような大人の態度が若者を伸ばすのか、ぜひ考えてみてほしいと思います。

学生同士で起こる化学反応

ＡＰＵは、ジョブズ君のようなユニークな学生が本領を発揮できる場です。日本の高校で窮屈さを感じていた学生も、ＡＰＵに進学してからありのままの自分を出せるようになったといいます。

あるとき、東京の超有名な私立一貫校（幼稚園から大学院まで）で幼稚園から高校までエスカレーターで進み、大学でＡＰＵに進学した学生と話をする機会がありました。

彼女に「なんでエスカレーターから降りたんや」と聞いたところ、その一貫校が肌に合わなかったからだというのです。文化祭などで何かにチャレンジしようとすると「前例がない」「常識的な発想ではない」「お嬢さんがすることではない」などと、ダメ出しばかりだったと。

そんな窮屈さが嫌になってＡＰＵに来てみたところ、何をやってもみんなが応援してくれるし、おもしろがってくれる。そして、協力してくれる。おかしな友人がたくさんいて、毎日が楽しいと笑っていました。

その彼女はAPUに来て、グァテマラでも安全な水が飲めるようにというプロジェクトを始めました。寮で友達になった学生からグァテマラではきれいな水を飲めないという話を聞き、なんとかしたいと思い立ったそうです。そして今は、イギリスの大学で1年間、留学生として学んでいます。

このように、APUには尖っていて個性豊か、言い方を変えれば一風変わった学生が集まっています。しかし当然ながら、初めから意志の強い学生ばかりが集まるわけではありません。父母会のある懇親会で、大分の進学校から来た女子学生が行った発表を紹介しましょう。

「私は高校時代、特にやりたいこともなく、勉強することもなく、だらだらと過ごしていました。すべてが中途半端で、最後までやり遂げたことは一つもなかった。一言でいえば、クズでした。先生に勧められるままに受験した国立大学を落ち、第一志望ではなかったAPUに仕方なく入学しました。寮に入っても、初めはやはりぐずぐずして引きこもるばかり……。

ところが、たまたま出会った寮の先輩がとても前向きでユニークで、素敵な人だったんです。そこではっと目が覚めました。その先輩のようになりたいと思い、自分でも何か目標を決めて実行してみようと考えたのです。

そもそも、その先輩はなぜ生き生きしているのだろう？　不思議に思って聞いてみると、留学して広い世界を見たからだと教えてくれました。そこで私も留学を決意し、毎日英語を勉強して留学を実現しました。そしてようやく自分のやりたいことを見つけました」

彼女は、非常にうれしそうに話していました。そんな化学反応が起こるのも、APUならではではないでしょうか。最近では年間300～400組もの学生が学長室を訪ねてくれるようになりました。彼ら彼女らと話をすることが、僕の何よりの楽しみになっています。

もっとも現在（2020年4月）は、新型コロナウイルス対策で入構を原則禁止としていますので、キャンパスに学生の姿はありません。一刻も早く個性豊かなAPUの学生にキャンパスに戻ってきてほしいものだと毎日願っています。

第4章

別府を日本のシリコンバレーに！

Ritsumeikan Asia Pacific University

「APU起業部」発足

12カ国・地域32組46名でスタート

ことさらに暑かった2018年の夏。山頂に位置するAPUのキャンパスもその難を逃れることはできず、緑豊かなキャンパスからは蝉の声が鳴り響いていました。そんな7月16日、ちょうど海の日にあたるこの日に、学長直轄プロジェクトの一つとして「APU起業部」が発足しました。

学長に就任して半年強、しかも「出口塾」という呼び名まで付いている。なぜ真っ先に起業部を立ち上げたのか。もちろん、僕に起業の経験があったからなどという理由ではありません。起業部の発足は、APUならではの強みを探る中で行き着いた「必然の解」だったのです。

ＡＰＵは日本で最も「混ざっている」、ダイバーシティ豊かな大学です。つまり、日本で最もイノベーションが生まれやすい場で、起業家を輩出するには最高の環境なのです。

起業部をつくることを決めたのは発足の2カ月前。構想を練り、カレンダーを眺めて7月16日の「海の日」を発足日にしようと決めたとき、「ＡＰＵ起業部」の船出にぴったりの日だと勝手にうれしくなりました。なぜぴったりかといえば、およそ４００年前、ＡＰＵから臨む別府湾は、世界への出入り口だったからです。

現在の大分県の大半を占める豊後の国では戦国大名・大友宗麟が世界との交易を手がけていましたし、４人の天正遣欧使節のリーダー、伊東マンショは豊後の人です（詳しくは、若桑みどりさんの『クアトロ・ラガッツィ』（集英社）をぜひお読みになってください）。

伊東マンショをはじめとする４００年前の豊後の人々は、この別府湾の向こうに広い世界を見ていた。別府湾は、当時の日本のグローバリゼーションの最前線だったのです。

同じように、ＡＰＵの学生も恐れることなく広い世界にチャレンジしてほしい。世界にインパクトを与える新しいアイデアで世の中を賑わせてほしい。そんな願いを込めて「海の日」に始動することにしました。ちょっとロマンがあるでしょう？　ＡＰＵから世界で活躍する起業家が続々と生まれたら、別府がシリコンバレーのようなイノベーションの中心地になるかもしれない。想像するだけでワクワクします。

学生に対して「ＡＰＵ起業部」のスタートと部員募集をアナウンスしたのは、発足の約３週間前。公募期間は２週間と設定しました。周りはタイトなスケジュールだと思ったそうですが、応募するのは既にビジネスプランが頭の中にある学生ばかりだから問題ないだろう、と判断したのです。

僕の狙い通り、あっという間に70組を超える応募が集まり、選考を通過した12カ国・地域出身の32組46名で起業部はスタートしました。うれしいことに、７名の教職員がＡＰＵ起業部の理念に賛同して、ボランティアで参加してくれることになりました。そこで、32組46名をその７人に割り振ってハンズオンで指導してもらうことにしました。

これは学生にも釘を刺しているのですが、APU起業部はビジネスコンテストに出場することを目的にはしていません。机上のビジネスプランを練り、プレゼンの技術を磨き、賞をもらい、自分に箔を付けるために行動するだけでは意味がない。本気で起業（NPOを含む）を目指す場として起業部をつくったのです。

その〝本気度〟を伝えるために、僕は「1年間でおよそ5つの会社もしくはNPOを立ち上げる」とあえて大きな目標を掲げました。起業部を「出口塾」と呼んでいるのも、本気度を表すためです。もっとも本心では、ゼロから始めるのですから、1年間で1つ立ち上がれば御の字だと考えていました。

身近なメンターが育ててくれる

活動の一つとして、2018年10月に開催した起業部の講義を紹介しましょう。

まずは、APUの卒業生の中から大分県内で起業した3人の先輩に来てもらい、体験談を語ってもらう時間を設けました（先輩起業家が喜んで来てくれるのは愛校心の強いAPUならではです）。

起業部の講義の様子。APU卒業生たちが、起業部のメンバーに話をしてくれた

さらにシリコンバレー・ジャパン・プラットフォームの共同議長、ダニエル・オキモト氏の特別講演を開催しました。

ここで特筆すべきは、ＡＰＵは第１期の卒業生でも40歳前後だということです。このときの最年少は２０１５年度の卒業生、26歳の若き起業家でした。

何かを語るには経験が足りないのでは、と思われるでしょうか。でも、僕はこの「若さ」と「年齢の近さ」こそが学生の刺激になると考えています。

だって、京セラの稲盛和夫さんやソフトバンクの孫正義さんに「自分はこうした」と語られたとしても、憧れは抱いてもあまり現実味はないでしょう。なぜならお二人とも「仰ぎ見る」天才肌の人だからです。学生との距離が遠いのです。それより年齢の近い卒業生にアドバイスをもらったほうが、「自分にもできそうだ」と思えるはず。数年後の自分の姿に重ね合わせやすいはずです。

身近なロールモデルにたくさん触れてもらうことで、学生の「できそう感」「やれそう感」を喚起する。これが、卒業生を呼ぶ狙いです。

実際、3人の先輩の話はとても示唆に富んでいました。どうして起業したか。どのようにビジネスを軌道に乗せたか。起業家にとって大切なものは。大きな失敗体験は――。1人は預金残高のグラフを見せつつ、「この時期は残高が底をついた」と赤裸々に語ってくれました。きっと学生は起業のリアルさを感じたことでしょう。

「厳しいことを直言してくれる人」を近くに置きなさい

また、彼らが口をそろえて話していたのが、「仲間の大切さ」です。助け合う同僚や指導してくれるメンターなど、いい仲間を持つことが起業を成功させるためには欠かせない要素だ、と。

メンターに関しては、中国の古典『貞観政要』に指針となる話があります。僕の座右の銘でもある「三鏡」における、「人の鏡」です（これについては『座右の書「貞観政要」』（角川新書）に詳しく書いたので、ぜひそちらをお読みください）。

まず「三鏡」とは、リーダーに不可欠な要素を説明したものです。

1つ目の「銅の鏡」は、普通の「自分を映す鏡」。リーダーは自分が元気で明るく、楽しそうにしているかどうかを常に鏡を見てチェックしなさいということです。

2つ目の「歴史の鏡」は、将来何が起こるかは誰にも分からない、ただ悲しいことにそれにそなえる教材は過去にしかないから、歴史を学びなさいということ。

そして3つ目が「人の鏡」で、厳しいことを直言してくれる人を近くに置きなさいということです。そうでなければ裸の王様になってしまう、と。

この「人の鏡」はまさにメンターのことです。僕自身、還暦でライフネット生命を開業してからは、諫言してくれる人に随分と助けられました。朝日生命の専務を務められた、伊佐誠次郎さんです。

伊佐さんは僕より年上で生命保険業界の経験も長く、ライフネット生命の常勤監査役になっていただいたのですが、僕は毎日のように伊佐さんに叱られていました。ふらっと僕の部屋に来ては、「ここがダメだ」「あんなおかしなことを言うもんじゃない」などとぼろくそに言っては部屋を出ていくのです。

その言葉に日々反省し、改善していったおかげで、僕は裸の王様になることなく社長、そして会長をなんとか10年間務めることができたと思っています。伊佐さんがいなかったら、きっとどこかで道を間違えていたことでしょう。

ですから卒業生の起業家には、起業を目指す学生のメンターの役割を担ってほしいのです。「人の鏡」になってもらいたい。

その意味もあって、あらゆる業種業態の先輩起業家を呼び、講演してもらっているのです。ベンチャーは1社ごとに固有のストーリーがありますから、話を聞くだけでも勉強になります。さらに先輩起業家とのネットワークをつくり、学生との相性や業種業態をマッチングすることで、より関係の強いメンターになってもらえたらと思っています。

「先輩起業家とのネットワークをつくっていきたい」と述べましたが、ゆくゆくはグローバルな舞台で起業している卒業生も講義に呼ぶつもりです。ＡＰＵ起業部のメンバーも半分は国際学生で、いつか母国で起業したいという人が少なくありません。グローバルな世界における起業のリアルを知りたいというニーズは、とても強いのです。

実際、ＡＰＵには海外で事業を起こした卒業生がたくさんいます。例えばシンガポールはＡＰＵ校友会の活動がとても盛んな地ですが、そこにいるシンガポール人はごくわずか。日本人をはじめ中国人や韓国人、インドネシア人、タイ人、インド人など、シンガポールで起業している卒業生が大半なんですね。そう考えると、起業部に所属している国内学生も日本で起業するとは限らないのです。

「全世界で、自分の持ち場を見つけて頑張って世界を変えてほしい」。これがＡＰＵ２０３０ビジョンの掲げる理念です。そのために、ＡＰＵ起業部でもできるかぎり学生のサポートをしたいと思っています。

クラウドファンディングで活動資金を調達

2018年12月15日。クラウドファンディングサイト「READY for（レディーフォー）」にて、「APU起業部」へのサポートを募りました。以下の文面通り、活動資金を調達するためです。

――APUは、2018年7月から学長直轄プロジェクトとして「APU起業部」を立ち上げました。32組46名のやる気いっぱいの学生が起業家・社会起業家を目指しています。そんな学生たちをサポートする教育プログラムや研修などの計画やアイデアがたくさんあります。

でも、この起業部、単位は出ません。学生を支える7名の教職員もみんなボランティアです。大学からの資金は0円でスタートしました。

学生が自ら起業に取り組む。そこで得られる経験や学びがきっと学生の成長につながる。将来、「世界を変える人」になってほしい。

そんな思いに共感していただける皆様、APU起業部の応援団になっていただけ

起業部の活動資金をクラウドファンディングで募った

ますと幸いです——

　寄付は一口3000円から20万円まで段階的に複数用意しました。そして、寄付してくださった皆さんには、寄付金額によって「APU起業部の活動報告書への名前の記載（希望者のみ）」「APU起業部の活動報告書のメール送付」「APU起業部事務局よりお礼の手紙」「起業部学生の成果報告会および起業家を招待した異業種交流会へのご招待」「学長からのお礼のテレビ電話」「APUへの個別ご招待（起業部関係者による報告およびキャンパスツアー）」などのお礼を用意しました。

おかげさまでプロジェクトスタート時から熱いメッセージとサポートが集まり、あれよあれよという間に第一目標の200万円を突破。2019年夏以降の活動も見越して設定した、第二目標の350万円もすぐに達成。最終的に寄付総額は374万4000円となり、ご支援者数は208人にのぼりました。

集めたお金の主な用途は、起業部の学生たちのために講演をしていただく講師の招請費（謝礼、交通費、宿泊費）のほか、APU起業部の成果報告会、投資家とのマッチングイベントの開催、その他広報費や雑費などです。

クラウドファンディングはAPU開学以来初めての試みでしたが、教職員も学生も、そして卒業生も一丸となって盛り上げてくれました。「新しいことをおもしろがる」「とりあえずやってみる」精神が実を結んだ結果となり、とてもうれしく思っています。サポートしてくださったみなさま、本当にありがとうございました。

このクラウドファンディングは、在学生の保護者や卒業生、起業部を応援したいという人など、多くの方に「サポーター」という形で参加していただきましたが、もしAPUがアメリカの名門大学であれば、恐らく卒業生の寄付だけで起業部の「部費」は簡単に賄えたことでしょう。

しかし歴史の浅いＡＰＵは卒業生もまだ少なく、年齢も若い。そこで僕はアメリカではなく中国に目を向け、昔の中国の仏教界で生まれたアイデアを参考にＡＰＵ公式サイト内に寄付ページをつくりました。

ローリスク・ローリターンの道を選んだ中国の仏教界に学ぶ

かつて中国の仏教界は、政府が大スポンサーでした。政府に守られ、お金をもらい、仏閣を建てていた。日本の奈良時代を見ても、聖武天皇や光明皇后が積極的に仏教界に資金を提供していましたね。

中国は日本よりさらに筋金入りの鎮護国家（仏法によって国家を守り安泰にすること）でしたが、大寺院が資金を貯め込み、力を持つようになると風向きが変わります。手っ取り早くお金が欲しくなった皇帝は、寺院から資産を召し上げ、弾圧を始めたのです。

有名なところでは北魏の太武帝、北周の武帝、唐の武宗、後周の世宗の４人の皇帝による廃仏事件、「三武一宗の法難」が起こります。

しかし、そういった事件が起これば当然仏教関係者も気づきます。「大口のスポンサーが1つだけだと、そこを切られたときに困ってしまうぞ」と。

信仰心のあつい皇帝なら何百億円、何千億円と喜捨してくれるけれど、信仰心の薄い皇帝だとすべてを失う可能性がある。要は、国家仏教はハイリスク・ハイリターンなのです。そこで知恵を絞り、民衆への本格的な布教が始まりました。こうして浄土宗や禅が広まったのです。

政府に比べれば一人ひとりが払うお布施はほんのわずかではあっても、信者が1万人いたらそれなりの金額になる。たとえ信者の5%が「やっぱり仏教なんて信じられへん」といって離脱しても、残りの95%は変わらず月々数百円ずつ払い続けてくれる。つまり、ローリスク・ローリターンを選んだからこそ、中国の仏教界は長く生き残ることができたのです。

こうして歴史から学んだモデルを参考にしながら、2018年末、大学全体の寄付ページ「One APU」をAPU公式サイト内に立ち上げました。どのように参考にしたかというと、一度きりの寄付ではなくクレジットカードで毎月1000円ずつ自動引き落とし、といった「継続寄付」を基本としたのです。

この理由はまさに、中国の仏教界と同じです。「ある月は1000万円寄付が集まったけれど、ある月は1000円だった」などと収入に波があると、「経営」の見通しが立てづらくなります。ですから、寄付が大きな収入源となるNPOでは、いわゆるサブスクリプション（毎月支払い、年間購売）の形が採られることが多いのでしょう。

こうした寄付の仕組みは学長に就任した時から整備したいと考えていましたが、なんとか初年度中に形にすることができました。奨学金原資の構築を目指す「APUグローバルリーダー育成奨学基金」への出資、また様々な学生団体が地域に出向き、交流行事を企画・運営する「カルチャーワゴンキャンプ」へのご支援など、応援したい取り組み単位で寄付していただけるよう工夫しています。

加えて、2020年度からは別府市と協力して「ふるさと納税」の仕組みも使えるようになりました。いろいろなチャネルを通じてAPUに寄付金が集まるように知恵を絞っていきたいと考えています。

もちろん、寄付金で変な銅像を建てたりはしませんよ（笑）。ＡＰＵをよりよくするため、研究や教育の質を上げるために活用させていただきます。

開始1年間で4組が起業

盛況だった活動報告会

ＡＰＵ起業部は、２０１９年の6月と7月に東京と別府の２カ所で活動報告会を行いました。最初に東京で実施したのは、クラウドファンディングの出資者に東京在住の方が多かったからです。当日は保護者、卒業生、メディアの方にたくさん集まっていただき、大変賑やかな会となりました。

活動内容を発表したのは、この1年間で起業部を経て起業した学生４組と、起業準備中の４組の計８組。バングラデシュで大量に廃棄され、環境汚染の原因となっている「牛の皮」を使って革製品を生産・販売するビジネス、スパイスを混ぜるところから作る健康増進を意識したスリランカ料理店、農地開拓からスタートして広島県尾道市向島で「尾道ブランド」のアーモンドを栽培するビジネスなど、いずれも堂々とした素晴らしいプレゼンでした。その中でもAPU唯一のアフガニスタン出身の学部生、アタルア・ペイカーさんのプレゼンは来場者の胸を強く打ちました。

強い思いで自国の課題と向き合う

彼が考案したのは、母国の教育を立て直すための事業です。アフガニスタンは20代以下が人口のおよそ半分を占める「ユースバルジ（若年層の膨張）」の国で、職にあぶれる若者が少なくありません。食べていくために、テロ組織に入る人も少なくない。アタルアさんは、そんなアフガニスタンの恵まれない子どもたちのために小学校から高校までの一貫校をつくり、質の高い教育を提供するNPOの立ち上げを計画しています。きちんとした教育を受けた若者たちは、自分の頭で考えられるようになります。安易にテロ組織に入ることなく、きっと自分で仕事をつくっていくでしょう。彼らや彼女たちが明日のアフガニスタンを担うのです。

その思いは切実で、かつＮＰＯの事業としても筋がよく、ぜひ成功させてほしいと会場にいたみんなが思ったのではないかと思います。アタルアさん高い志に打たれて、資金援助をしてくださる篤志家《とくしか》が現れたことはうれしい限りです。

起業部を立ち上げて分かったのは、アタルアさんのように「社会をよくする」という視点で事業を考える学生が本当に多いことです。報告会が終わったあと、メディアの方から「社会問題への意識が高い学生が多いように見えますが、出口さんが方向性を指導したのですか？」と聞かれましたが、僕は起業部の学生が「何をするか」に関しては一切口を出していません。すべて学生の自主性に任せています。人間、やりたいことをやらないと、本気になれませんからね。

学生が社会問題に意識が向かうのは、ＡＰＵの掲げる２０３０年ビジョン「ＡＰＵで学んだ人たちが世界を変える」の影響があるかもしれません。「自分は世界を変える人間になる」と感じている学生は確実に増えているでしょうし、それは起業部のメンバーも同じはず。「いかに儲けるか」ばかりに頭をひねったり、ただビジネスのトレンドを追いかけたりするより、大きな社会課題を解決するほうがずっと

APU 起業部のメンバーで起業した 4 組

① LEGAME（サダト・ナスムズ、バングラデシュ出身）

バングラデシュで大量に廃棄され、環境汚染の原因となっている牛の皮に着目。それを使った革製品を生産し、女性の社会進出と環境汚染の改善に貢献することを目指して起業。商品を 1 つ販売するごとに、本を 1 冊現地に送ることで子どもたちの識字率の向上にもつなげるビジネスプラン。2018 年 11 月から APU 学内や EC サイトで商品の販売を開始。

② マイニチセンキー（レザー・イフタカー、バングラデシュ出身）

地域の店と利用者を繋ぐデリバリーサービスをスマートフォンアプリを通して提供。利用者は配達してもらいたい料理や物を注文する。全国初の外国人起業要件緩和を活用して、2019 年 8 月末に起業。2020 年には大分市内にサービスを拡大する予定。

③ Lanka Hut（アンジェロ・デ・シルバ、スリランカ出身）

別府市内に店舗を構え、スリランカ料理のレストランを経営。スパイスを混ぜるところから作り、健康増進を意識したスリランカ料理を提供する。2019 年 9 月にオープン。

④ みなと組（上原和人、日本出身）

瀬戸内発の尾道アーモンドのブランド化を目指し、広島県尾道市向島でアーモンド栽培の農業をスタート。2019 年に自分たちの手で農地を開拓してアーモンドの苗木を植え、現在苗木を育成中。野菜の栽培や古民家を借りたカフェバーの開店準備も進めている。

「世界を変える」ことに直結するわけですから。

1年間の活動を通して、学生たちは大きく変わりました。1年前とは見えている世界が全く違うものになっているはずです。もちろん、途中で挫折した学生もいます。それでも学生たちが得たものは大きいと思っています。

「天の時」「地の利」「人の和」

起業に限った話ではなく、すべてのプロジェクトについていえることですが、何かを成功させるためには「運」の要素が欠かせません。運は「天の時」「地の利」「人の和」の3つに分解でき、それぞれ「社会情勢」「与えられた条件」「チームの縁」と言い換えられます。

ライフネット生命でいえば、保険業法の改正による規制緩和が行われた「天の時」、たまたま僕が日本で最も保険に詳しい人間の一人であった「地の利」、投資家の谷家さんが僕と岩瀬大輔くんという若者を引き合わせてくれた「人の和」があったからこそ、うまく立ち上げることができました。APUで起業を志す学生の場合、入学したときに変わった学長がいて「起業部」が立ち上がっていたことも、一つの運といえるでしょう。

僕は、「風が吹いていないときには凧は揚がらない」と考えています。運がないときには何をしても、うまくいかないんですよ。しかも運は、アトランダムなもの。「運は自ら引き寄せられる」なんて勘違いもいいところです。

「運は引き寄せられる信仰」と同じく、「がんばれば何とかなる信仰」も全くリアリズムに欠けています。日本をダメにしている元凶の1つともいえます。第二次世界大戦も「GDPでは負けているけれど、戦争は勢いも大事だし、なにより日本人には大和魂があるから、がんばれば勝てるかもしれない」と考えてしまったから、筆舌に尽くしがたい悲劇が起こったわけです。総力戦の結果はGDPに準ずるということは、第一次世界大戦で痛いほど分かりきっていたのにもかかわらず、です。

では、自分に風が吹いていないときはただ諦めるしかないのか。決してそうではありません。風が吹くまで、運と並んで大切な要素である「適応力」をつけるために「人、本、旅」(第5章参照)で準備しておくのです。

運をつかむために「適応力」を高める

運をつかむには、適当なときに適当な場所にいることが大切です。しかしその運をみすみす逃すか、がっちりつかみ取るかは適応力にかかっています。つまり同じ運に直面しても、適応できる人とできない人とでは結果が違うわけです。

そしてその適応力は、その人の知識や経験の蓄積によって決まります。僕も、たくさんの本を読み、たくさんの場所へ行き、たくさんの人と会っていたからこそ、いくつかの運をつかむことができたと思っています。

さらに、自分に風が吹いていないときに、焦らないことが肝要です。その状況を素直に受け入れて、適応しようと努力すればいいのです。適応しようとすれば、勉強するしかありません。勉強するから、次につながる。運がやってきたときに、がっちりとつかめるのです。

僕は日本生命時代、社長と衝突して40代後半で左遷されました。そして、保険とは関係のないビル管理会社の社員になったわけですが、僕はそこでもファシリティマネジャーの資格を取ったり宅地建物取引主任者の資格を取ったりして、楽しく学んで過ごしました。それから「遺書」のつもりで『生命保険入門』（岩波書店）を執筆しました。

左遷は日本の企業にはよくある話で、腐ってしまう人が多いと聞きます。でも数字で考えれば、左遷される人が実は圧倒的な多数派であることが分かります。例えば新入社員が200人の会社で社長が5年で替わるとしたら、社長になれるのは1000人に1人ということになります。999人は左遷される可能性がある。そんなことで腐ってしまったら人生がつまらないものになるとは思いませんか。それに腐ったら自分の能力が落ちていくだけですし、いつまで経っても適応できないままで終わります。

僕は、望まぬ異動やキャリアチェンジを命じられて腐っている人には、「松坂大輔選手を見習え」と伝えたいと思います。松坂投手はかつて日本中を沸かせ、メジャーでも大活躍したスター選手でありながら、再度日本に戻ってからはケガに苦しみました。福岡ソフトバンクホークスと大型契約を結んだものの3年間で一軍登板は1試合のみ。ファンの間には「もうだめだ」という空気が漂いました。そして、そのままソフトバンクを退団します。しかし彼はそこで腐らなかった。逃げなかったのです。自ら中日ドラゴンズの入団試験を受け、決して高額とはいえない契約金でサインし、復活を目指しました。

そして2018年4月、日本では約12年越し（4241日ぶり）に勝利を得ます。その年は6勝4敗の成績を上げ、「カムバック賞」を受賞するなど、見事に復活を遂げました。過去の栄光など何の関係もない。「今の自分」にできることに全力でチャレンジする。そんな気持ちがグラウンドから伝わってくる松坂投手の姿に勇気をもらった人が少なくないのではないでしょうか。

留学生が起業しにくい日本

起業部に話を戻しましょう。この取り組みをスタートさせて、僕自身、初めて学んだこともたくさんありました。その一つが、外国人留学生の起業に関わる規制の存在です。まず、外国人が起業するためには原則として500万円以上の資本金（出資金）が必要であるという規制。もう一つが、留学ビザでは起業が不可能（経営管理ビザが必要）という規制です。つまり、APUの国際学生は在学中のビザでは起業できないし、起業する場合は500万円を用意しなくてはならないのです。いずれもおかしな規制だとは思いませんか？

そこで僕は、これらの規制を取り払ってほしいと「まち・ひと・しごと創成会議」の場で安倍総理に直談判しました。総理はその場で、「年度内に必ず結論を出します」と言ってくださり、実際に2020年4月にはこの規制が一部緩和されました。この決定を受け、起業部の国際学生はとても喜んでいました。

そもそも、今の日本で「起業したい外国人は500万円準備するんやで」など時代錯誤もいいところです。経済が停滞している日本はいまや、誰であれどんどん起業してもらわなければ立ち行かなくなっています。むしろ外国人の留学生が日本で起業してくれるのなら、500万円を奨励金としてプレゼントすべきでしょう。

例えば、アメリカに留学している中国人は約37万人いますが、この37万人の多くは中国へ帰国します。なぜ戻るのか。アメリカよりも中国のほうが、成長率が高いからです。アメリカは3%、中国は6~7%の成長率ということは、中国でがんばったほうが単純に2倍以上儲かるということを意味しています。

社会全体が膨らんでいくときは風船の上に立っているようなもので、何もしなくてもその膨らみと同じだけ成長できます。簡単にいえば、中国ではただの水を売っても企業は7%成長するし、アメリカでも3%は成長できる。けれど、日本では1%ぐらいしか成長できないのです。日本で成長しようと思ったら、おいしい飲み物、付加価値のある飲み物を作らなければならない。中国やアメリカの何倍もがんばらないといけないのです。そんな国で、誰が起業したいでしょうか?

まず、世界中から起業家を集めるためには経済が成長している必要があります。加えて、ワクワクドキドキするおもしろい社会である必要があります。けれども日本は、これらの条件を満たしていない。そうであれば、規制を緩和して起業しやすい社会をつくっていくしかベンチャーを増やす道はないのです。

こういったマクロの視点がないと、社会はなかなか成長できません。起業部のメンバーには、こういった視点も提供できたのではないかと思っています。

第5章

もっと学んで成長しよう！

Ritsumeikan Asia Pacific University

学生を育てる「人、本、旅」

「本好き」になってもらうために

いろいろなところで話しているのですが、人間を賢くするのは「人、本、旅」の3つに尽きます。

まず「人」は、たくさんの人と出会い、多様な考え方や価値観に接することです。人間は、人から学ぶ生き物です。自分とはちがうタイプの人と触れ合い、考える型や発想のパターンを吸収することで、多くの刺激と学びを得られます。ですから、より多くのことを学びたければ、同じ人とばかり接していてはいけません。居心地のいい場所を飛び出し、自分と違う価値観を持っている人とコミュニケーションを取ることが大切です。

次が、「本」。僕は、人生で学んできたことのおよそ半分は本から吸収したことだと感じています。今まで一万冊以上の本を読み、先人の知恵を借用してきました。本は優れた先人の話を、好きなときに好きな場所で一対一で聞くことができます。自分の人生だけでは知り得なかった知を与えてもらえる。それが読書の醍醐味で、特に時間の洗礼を受けてきた良書の塊である古典から学ぶものは多いはずです。

「旅」は、いわゆる「旅行」はもちろん「自分の足で現場に行き、実際に自分の目で物事を見ること」を意味しています。ですから異なる企業への出向も、話題のお店に行ってみることも、旅の一つといえるでしょう。

たくさんの人に会う、たくさん本を読む、たくさん旅をすることで、人は学ぶのです。僕自身、様々な偶然が重なって「人、本、旅」の総量が平均的な人よりもほんの少し多かったからこそ、一般的な70代よりは多様性の大切さを実感できたのではないかと思っています。

ところで、ＡＰＵには「人、本、旅」のうち、「人」は十分にあります。友達が世界中にできますから、「旅」のチャンスも多い。さらに、国内学生は在学中に必ず1度は海外で過ごす仕組みも策定済みです。

あとは「本」です。在学中に1冊でも多くの本を読んでほしいところですが、ただ「本を読みましょう」というだけでは無責任。何を読めばいいか分からない学生もいるだろうと考えて、入学の際には全員に30冊の古典リスト（次項）を渡しています。さらに、新入生向けに「本の選び方」について僕が直接オリエンテーションを行っています。

学生にはまず「本好き」になってもらいたいと考え、趣向を凝らしたイベントを開催したこともあります。その1つが、2018年7月28～29日、台風接近により雨が強まる中で行った「HONZ in APU」です。

「HONZ」は、僕が客員レビュアーを務める書評サイトです。イベント当日は代表の成毛眞さん、副代表の東えりかさん、編集長の内藤順さんをはじめとしたメンバーほぼ全員が別府に大集合して、HONZの成り立ちから本の選び方、書評の書き方などをレクチャーしました。

さらにAPUの学生だけを対象にするのはもったいないと、7月29日には、大分

読むべき30冊の古典リスト（1〜16）

1.『自省録』（マルクスアウレーリウス著／神谷美恵子訳、岩波文庫）

2.『ティル・オイレンシュピーゲルの愉快ないたずら』（ヘルマン・ボーテ著／阿部謹也訳、岩波文庫）

3.『フランス革命についての省察ほか（1、2）』（エドマンド・バーク著／水谷洋・水田珠枝訳、中公クラシックス）

4.『カエサル戦記集 ガリア戦記』（カエサル著／高橋宏幸訳、岩波書店）

5.『論語』（孔子著／金谷治訳、岩波文庫）

6.『種の起原（上、下）』（チャールズ・ダーウィン著／八杉龍一訳、岩波文庫）

7.『方法序説』（デカルト著／谷川多佳子訳、岩波文庫）

8.『王書―古代ペルシャの神話・伝説』（フェルドウスィー著／岡田恵美子訳、岩波文庫）

9.『夜と霧（新版）』（ヴィクトール・E・フランクル著／池田香代子訳、みすず書房）

10.『韓非子（第１～４冊）』（韓非著／金谷治訳注、岩波文庫）

11.『ヘロドトス 歴史（上、中、下）』（ヘロドトス著／松平千秋訳、岩波文庫）

12.『イリアス（上、下）』（ホメロス著／松平千秋訳、岩波文庫）

13.『中世の秋（1 、2）』（ホイジンガ著／堀越孝一訳、中公文庫プレミアム）

14.『ルバイヤート』（オマル・ハイヤーム著／小川亮作訳、岩波文庫）

15.『唐詩選（上、中、下）』（李攀竜編／前野直彬注解、岩波文庫）

16.『君主論』（ニッコロ・マキアヴェッリ著／河島英昭訳、岩波文庫）

読むべき30冊の古典リスト（17～30）

17.『コーラン（上、中、下）』（井筒俊彦訳、岩波文庫）

18.『ツァラトゥストラはこう言った（上、下）』
（フリードリッヒ・ニーチェ著／氷上英廣訳、岩波文庫）

19.『コモン・センス 他三篇』（トーマス・ペイン著／小松春雄訳、岩波文庫）

20.『ソクラテスの弁明・クリトン』（プラトン著／久保勉訳 、岩波文庫）

21.『東方見聞録（1、2）』（マルコ・ポーロ著／愛宕松男訳、平凡社ライブラリー）

22.『シェイクスピア全集 ロミオとジュリエット』
（ウィリアム・シェークスピア著／小田島雄志訳、白水Ｕブックス）

23.『国富論（1～4）』（アダム・スミス著／水田洋監訳／杉山忠平訳、岩波文庫）

24.『プロテスタンティズムの倫理と資本主義の精神』
（マックス・ウェーバー著／大塚久雄訳、岩波文庫）

25.『荘子（第一冊 内篇、第二冊 外篇、第三冊 外篇・雑篇）』
（荘子著、金谷治訳、岩波文庫）

26.『新訂 海舟座談』（巌本善治編／勝部真長校注、岩波文庫）

27.『鈴木大拙全集 第８巻 日本的霊性』（鈴木大拙著、岩波書店）

28.『風姿花伝』（世阿弥著／野上 豊一郎・西尾実校訂、岩波文庫）

29.『曾根崎心中・冥途の飛脚 他五篇』（近松門左衛門著／祐太義雄校注、岩波文庫）

30.『ブッダのことば　スッタニパータ』（中村元訳、岩波文庫）

市に赴き、大分市民との交流の場も設けました。学生からも市民からも答えきれないほどの質問が飛び出し、なんとも賑やかな2日間となりました。ほかにも10人近くの有志で「読書新聞書評委員会 in APU」（2019年1月）などを開催しました。

教育に必要なのは、何といっても「場をつくること」です。ただ「本を読みなさい」といっても、読書体験に乏しい学生に行動に移してもらうのは容易なことではありません。必要なのは、「面白そう」と興味を持つきっかけを与えることです。

その点、HONZのレビュアーや読売新聞の書評委員の皆さんは、生粋の「本好き」です。読書の楽しさを語らせたら右に出るものはいません。そんな大人たちの話を聞き、ディスカッションすれば、それまであまり読書をしてこなかった学生も本を開いてみようと思うのではないかと考えたのです。

基本スタンスは「社員育成」と同じ

「人を育てるのは『人、本、旅』である」という考え方自体は、僕の全キャリアを通して何一つ変わっていません。日本生命でも、ライフネット生命でも、ＡＰＵでも同じです。「人、本、旅」の３つのほかに人間が賢くなる方法を、僕は知らないのです。

ですから「人、本、旅」の重要性は後輩や部下、学生にも伝え続けてきましたし、それが実践しやすい環境づくりにも努めてきました。

例えばライフネット生命のときには、毎月のように「出口塾」を開いて、課題図書をみんなで読んで議論する場を設けていました。また創業当時（２００６年）はまだ珍しい事例でしたが、就業規則は「定年なし」で「副業ＯＫ」としました。いろいろな体験を重ねたり幅広い人に会ったりするためには、複数の仕事をしたほうが効率的ですからね。

同じ理由でクラブ活動休暇も作りましたし、「旅」に出やすいように勤続3年毎に10日間のリフレッシュ休暇制度も設けました。これは大好評で、ほとんどの社員が有給を組み合わせて海外に出かけたり、ボランティアを行ったりしていました。

すべて「特殊な一つの世界」でしかない

先ほど「出向も旅である」と述べましたが、職場の制度に出向があるなら、ぜひ積極的にチャレンジしてみてほしいと思います。僕自身も日本生命で働いていたとき、日本興業銀行に出向しています（日本興業銀行の人は非常に魅力的で面白かったので若い人を出向させましょうと上司に提案したら、まずはお前が行ってこいといわれたのです）。実際に1年間出向してみて、「よその釜のご飯」を食べる経験は本当に有意義でした。

何が良かったかというと、「日本生命だけが世界ではない」ということがよく分かったことです。日本生命も日本興業銀行も、ロンドンの日本生命の現地法人（外国人が主体でした）もライフネット生命も、すべて「特殊な一つの世界」でしかありません。もちろん皆さんがいま勤めている職場も同じです。スタンダードなどどこにもないし、そこだけが世界ではない。

こうした一見、当たり前のことを深く理解できたのは、僕のキャリアの中でもかけがえのない経験でした。

ですから、日本興業銀行から戻ってきてからは、社外の人に会うたびに「日本生命の社員を出向させてくれませんか」と頼んでいました。当時はまだかなり融通が利いた時代だったので、僕自身で外務省やＪＩＣＡ、日本輸出入銀行など10社ほど出向先を開拓して、若手を出向させました。

日本生命やライフネット生命の経験では、こうした「本」を読む塾や「人」や「旅」をキャリアに組み込む制度などによって、社員の意識や姿勢は明らかに変わっていきました。積極的に本を読むようになったり、仕事以外の時間を意識的に持つようになったり、視野が広くなったり。「若者の海外旅行離れ」が叫ばれる中、前述したようにライフネット生命ではリフレッシュ休暇を使って多くの社員が海外に出かけていきました。

「過剰適応」させると成長は止まる

では、職場がそうした方針を採り、「人、本、旅」の経験を充実させることで、実際のパフォーマンスや業績はどれだけ上がるのか。

現実問題として気になるところだと思いますが、正直、同じ会社や同じ社員間での比較は不可能ですから正確に答えることはできません。

しかし一般的に、人は視野が広くなればなるほど、仕事もできるようになるはずです。アイデアは湧くし、不要な争いも起こらなくなる。生産性も高くなる。素直に考えれば、「いい影響があった」と明言してもいいでしょう。

夜遅くまで職場で働き、上司や同僚とばかり飲みに行くような生活を続けていては、人間は成長できません。「仕事面でスキルアップできるじゃないか」と思うかもしれませんが、人間はどんどん「職場」に過剰適応していってしまうもの。スキルアップしているようで、実は職場に染まっているだけの可能性が高いのです。

だからこそ、部下を職場に過剰適応させないことは上司の役割でもあります。副業を認め、早く職場を追い出せば、みんな何かしら新しい活動に取り組むはずです。ときどき「職場を早く追い出しても飲みに行くだけだ」という人もいますが、お金が続かないでしょう（笑）。

もちろん頑張って飲み続ける人もいるでしょうが、少なく見積もっても半分ぐらいの人は新しいチャレンジを始めます。割合的にはそれで十分です。それに、新しく何かを始めて生き生きとしている人が周りに増えてきたら、初めは飲んでばかりいた人も「自分も何かやってみようかな」と思うはず。人間は、身近の人間から影響を受けやすい動物なのです。

僕は今、「学生を育てる」立場にありますが、基本スタンスは「社員育成」と同じだと考えています。

今後も、いろいろな制度やイベントなどを構築、活用しながら「人、本、旅」の場づくりを行っていくつもりです。興味のない学生には、いかに興味を抱かせるか。既に興味がある学生には、どうすればチャンスをもっと与えられるか。学生がより視野を広げるために、全力でサポートしていこうと思っています。

より「質の高い教育」を目指して

米ミネソタ大学と連携してトレーニング

学生に学ぶ意欲を持ってもらうためにも、教育の質を上げることは最重要課題です。そう考え、ＡＰＵは「どこよりも授業がおもしろい大学」を目指しています。この大きな目標を達成するため、副学長をヘッドにして２０１９年の春から授業の質高度化検討委員会を立ち上げました。

授業の質を高めるために既に行っている施策の1つとして、米ミネソタ大学の協力のもとに取り組んでいる教員向けのトレーニング「ミネソタＦＤプログラム」があります。これは多文化環境での教授法トレーニングに定評のあるプログラムで、理論や教授法の動向といった座学での学びはもちろん、教員自身がディスカッションや対話を通して新しい学びを体験するものです。こうした教員が授業内容・方法を改善し、向上させるための組織的な取り組みは、専門用語で「ファカルティ・ディベロップメント（FD）」と呼ばれており、文部科学省もその重要さを指摘しています。

このトレーニングは多文化環境での教育の質を上げるのに効果的なので、計画的に毎年5人ぐらいずつ教員をミネソタ大学に送り込み、ミネソタ・メソッドを学んでもらっています。また、ミネソタ大学からも定期的に教員を招いています。いずれはAPUの全教員にミネソタ・メソッドを学んでもらう予定でいます。

ほかにも、おもしろい講義ができる人をいわゆる「教員」に限らず外部から呼んできたり、学生の声を今以上に授業評価に反映させたりするなど、先進的な教育手法を世界中から積極的に取り入れて授業を充実させていくつもりです。

また、僕も2019年度は特別講義として「5000年史」（全11回）の授業を行いました。学生だけではなく、広く市民の皆さんも交えたオープン講義で、大分合同新聞社との共催で実施しました。「せっかくだから学生に教えてみたい」という好奇心もありましたが、学長である僕自身が「どうすればもっと学生を引きつけるおもしろい授業ができるのか」を勉強するために始めました。学生の反応は気になりますが、今後も機会を見て講義ができたらと思っています。なお、2020年度は日本史を講義する予定でいましたが、新型コロナウイルス感染拡大の影響で21年度に繰り延べすることになりました。

こうして授業の質を高めていくことで、「学生の半分が国際学生」というユニークで魅力的な教育環境だけではなく、授業のおもしろさや個性的な教員を求めてAPUを目指す学生を増やしていきたいと思っています。

学長として「花火」は打ち上げたくない

それに加えて「APUに来たら研究も深まり、より教え方もうまくなる」という、教員側のインセンティブも、もっと上手に設計したいと考えています。立命館のお膝元の京都とは異なり、別府は残念ながら「学問の街」「大学の街」とは言い難い。学生はもちろん、教員にとっても集積効果が乏しいので、人材交流、知識交流などの点では物足りなさが残ります。

しかし、ないものを嘆いても仕方がない。考え得る施策にはどんどんチャレンジし、教える側にとっても魅力的で唯一無二の場をつくっていきたいと思っています。ちなみに「授業をおもしろくする」は、一朝一夕では達成できない根気の要る施策です。派手さもなく、変化も分かりづらい。しかしこうした取り組みこそ、長い目で見てAPUがより素晴らしい大学になるための資産になると信じています。僕はもともと、経営者として「花火」を打ち上げることにはあまり興味がないのです。「花火」とは、いわゆる世間の耳目を集めるインパクトのある施策のこと。ニュースになったりして一瞬は注目されたり盛り上がったりするけれど、その多くが「未来につながる功績」を残さずに消えてしまいます。こうした取り組みは、限りある資源のムダ遣いではないでしょうか。

僕は常日頃から何事においても持続可能性（サステナビリティ）が一番大切だと考えています。企業経営も大学経営も、成長を続けていくには、地道な努力が必要です。第6章で詳しく述べますが、新しく開設する予定の観光系学部も、持続可能性をキーワードにしています。

小中高校も変わってきている

修学旅行は「NASA」や「ガラパゴス諸島」

「はい！」と元気に手を挙げる声、ネイティブのような英語を話す小学生、はたまた高校生とは思えぬ高度なディスカッションに注がれる真剣なまなざし――。僕は立命館の副総長を兼務しているので、学校法人立命館の小学校や中学・高校にも足を運び、その教育についても勉強してきました。

立命館学園は小学校を京都に1校、中学・高校の一貫校を京都に2校、滋賀、北海道に1校ずつ経営しています。その中で、スイスに本部を置く非営利団体「国際バカロレア機構」（IBO）が定める教育プログラム「IB」（国際バカロレア）認定校でもあり、APUへ進学する生徒が多いのが立命館宇治高校です。校長先生が外国人で、グローバル教育に力を入れているのが特徴。カナダ、ニュージーランド、オーストラリアいずれかへの1年間の留学を必須とするコースを用意し、海外の大学への進学も手厚くサポートしています。

ここの卒業生で、現在APUに通う女子学生と話す機会がありました。寮生活はどうかと聞いてみると、「高校でニュージーランドに留学していたときと同じく、ルームメイトは中国人です。彼女たちは必要以上につるまないのでこちらも気を遣わずに済むし、気楽で楽しいですよ」と話していました。「日本人しかいない大学には進学するつもりはなかった」とも。自分と違う文化を持つ人とうまくやるコツを既に身に付け、その「違い」を楽しんでいる。頼もしいものだと思いました。

APUへの進学者が多い附属校でいうと、別府から遠く離れた北海道にある立命館慶祥高校も挙げられます。文部科学省が定める「スーパーグローバルハイスクール」と「スーパーサイエンスハイスクール」に指定された、先進的な教育が注目されている学校です。

しかもこの高校は、2017年度の「スーパーサイエンスハイスクール」重点校

18校のうちの1校に選ばれています。この18校は立命館慶祥高校以外は、すべて公立校。いわゆる地方の名門校です。私立では唯一選ばれた立命館慶祥高校ですが、実際、学校行事も普通の高校とは質が違います。

例えば、修学旅行はただの「旅行」ではありません。普通は学年全員で同じ場所に行き、同じ旅程を組みますよね。ところが立命館慶祥高校は、生徒の興味に応じて7～8カ所の行き先を、しかも「一流の場」を用意しているのです。

物理や数学に興味のある生徒はNASA（米航空宇宙局）に連れていく。自然や生物に興味がある生徒はガラパゴス諸島に。人権や国際平和に興味がある生徒はアウシュヴィッツに。発展途上国や国際貢献に興味がある生徒はアフリカのボツワナに。

生徒は自分の興味に従い、最先端かつ最も学びがいがある場所に「旅」することができるのです。単に観光旅行をするだけ、机上の勉強をさせるだけではもったいない。多感な時期にこそ、こういった場所へ連れて行くことが人生にどれだけ大きな影響を及ぼすのか、想像に難くないでしょう。

また、立命館慶祥高校が魅力的なのは、道内有数の進学校であるばかりではなく、文化活動やスポーツでも全日本クラスの「文武両道」を両立させていることです。

初等教育を担う京都の立命館小学校では「ファンクショナルバイリンガル教育」と呼ばれる、英語をツールとして使いこなすためのグローバル教育に力を入れています。普段の授業の充実ぶりはもちろんのこと、APUの「マルチカルチュラル・ウィーク」にも似た、「ワールドウィーク」というイベントや、小学生ながら2カ月の寮滞在など留学制度も充実。世界をより身近に感じる工夫を凝らしています。

一方で、プロの陶芸家を呼んでお茶碗を作り、それを使って裏千家流のお茶をたてて家族に振る舞うといった授業もあります。ただ日本の伝統を学ぶだけではなく、本物に触れさせる。海外に目を向けるだけではなく、日本をも見つめ直す。以前、立命館小学校に「ほぼ日」の糸井重里さんに来ていただいたところ、「こんなにおもしろい小学校が日本にあるのか！」ととても感心しておられました。

ほかにも小学校を卒業した子どもたちが進む立命館中高では、12年一貫の教育に取り組んでいますし、滋賀県の立命館守山中高では、立命館大学の理工系学部と一緒になって、生徒を育てる高大連携を進めています。

トップの熱意が教育を変える

立命館学園の小学校から中学・高校までを見て思ったのは、やはり「組織を変えるのはトップだ」ということです。ユニークでいい教育をしている学校は、トップである校長先生が教育に対して強い情熱と使命感、信念を持っています。

ここで紹介した特徴のある教育方針は、実は立命館学園全体の方針ではなく各校の校長先生の裁量によるところが大きい。それぞれの校長が、次世代を担う子どもたちにとって「いい教育」は何かと考え尽くしたうえで、実行に移した結果なのです。これは立命館学園にかぎった話ではありませんが、学校経営も企業と同じで、「適性のある人を見つけて任せることがすべて」といっていいでしょう。

僕は、教育は「家庭」「学校」「地域」のトライアングルで回していくものだと考えています。親は自分の信念で子どもに接する。学校はそれぞれの流儀で子供たちを鍛える。地域社会は子どもたちを「みんなの子ども」として愛情を持って見守る。人間にとって一番大切なのは、こうした次の世代を育てることにあるのですから。

マハティール首相がAPUにやってきた

勉強すれば、世界はいくらでもよくなる

本章の最後に、「学ぶこと」についてあらためて考えさせられた、大きなイベントについて紹介したいと思います。

2018年8月9日は、APUにとって記念すべき日となりました。東南アジアの中心に位置する多民族国家、マレーシアのマハティール・ビン・モハマッド首相（当時）一行がAPUに来学されたのです。一国の首相が来日中に足を運ぶ唯一の大学に選んでいただけたのは非常に光栄なことです。

説明するまでもありませんが、マハティール氏は２０１８年春、15年ぶりに92歳で首相の座に返り咲いた（しかも61年ぶりの政権交代）、マレーシアを代表する偉大な政治家です。

マハティール首相は１９８１年から22年間にわたって政権を担い、その中で「ルック・イースト」と呼ばれる近代化政策をとってきました。西（欧米）ではなくマレーシアにとっての東、つまり日本の近代化をお手本にしようという政策です。

そして２０１８年の政権奪還後、彼は再び「ルック・イースト」政策に力を入れると表明しました。それを体現するように、首相就任後初の外遊先は日本でしたし、２０１８年８月は、５月の就任時から２度目の来日でした。

さて、来学当日。列車がお好きなマハティール首相はＪＲ九州の特急「ゆふいんの森号」で湯布院に入られ、そこで我々ＡＰＵの教職員や学生が一行をお迎えしました。僕は湯布院で昼食をご一緒したのですが、驚いたのは、93歳という高齢にもかかわらず食べる量とスピードが70歳の僕とほとんど変わりがないこと。あっと言う間に空になったお皿を見て舌を巻きました。

マレーシアのマハティール首相がAPUに来学

握手をしても僕より力強いくらいで、足取りもしっかりしている。もともとお医者様ですから健康のことはよくご存知なのでしょうが、それでも92歳で政権をかけて総選挙を戦えること自体が信じられません。

食事のあとは車でAPUに来ていただき、名誉博士号の授与式を行いました。僕の人生で、一国の首相に名誉博士号を授与するのは恐らくこれが最初で最後でしょう。そう思うと、さすがに緊張しました。

授与式ではマハティール首相にスピーチをしていただきましたが、なんと原稿なしで、15分以上立ちっぱなし。秘書らしき方に「驚くほどタフですね」と話しかけると、「クアラルンプールの議会では2時間くらい平気で立って話していますよ」と涼しい顔で返されました。

授与式のあとは、せっかくの機会ということで、マレーシアを筆頭にアジア出身の国際学生をライブラリーに集め、ディスカッションタイムを設けました。学生たちはこれほど貴重な場を日本で、しかも別府の山の上で経験できるなんて思ってもみなかったことでしょう（笑）。

学生たちからは、時間が足りないほどの質問が飛び出しました。新首相としてどのように国を引っ張っていくつもりか。若い世代に何を求めるか。何を勉強すべきか——。いつも以上に熱のあるディスカッションとなりましたが、その中で最も印象に残ったのは、マハティール首相の「若い人を信頼している」というスタンスです。「君たちががんばれば、世界はいくらでもよくなる。だからきちんと勉強しないといけない。学ぶことがすべての基本なのだから」

その一貫した思い、信念が言葉や佇まいからあふれ出ていて、学生たちも感激していました。もっとがんばらなあかんと、やる気が出たことでしょう。
そうしているうちにあっという間にお別れの時間となり、大分空港で特別機に乗られるまでお見送りしたのですが、数日後に新聞を見ると、なんと北京で習近平国家主席と会談している。どれだけお元気なのかと仰天しましたね。

評価されているのは「モラル」や「生き方」

マハティール首相は教育に熱心で、特に日本の教育システムに非常に強い興味を持たれています。ＡＰＵに来学されたときはマレーシアの教育担当大臣と一緒でした。どうやら日本の大学をマレーシアに招致して、日本流の教育を若者に受けさせるプランを構想されていたようです。

なぜ日本の教育なのか。いったい何を評価されているのか。果たして日本の教育は世界に誇れるものなのか。

実はマハティール首相が高く評価し、自国に取り入れたいと考えているのは、学力・学問的な「教育」ではありません。「モラル」や「生き方」といった、広い意味での「教育」なのです。

「国を発展させるためには、経営論やIT教育も大切だ。しかし、戦後日本が素晴らしい成長を遂げたのは、自動車や電機・電子産業のニーズが爆発的に増えたからだけではない。『助け合う』『勤勉』『社会のために働く』といったモラルや価値観が培われてきたからこそ、大きく発展したのだ。こうした下部構造を育てていかなければ、マレーシアは先進国にはなれない」。そう考えておられるんですね。

下部構造をないがしろにしてうわべの産業だけをつくっても国は栄えない、という考え方には納得感があります。日本が製造業の工場モデルに適応した人材を育て、我慢強く長時間労働を行うことによって発展してきたのは間違いありませんから。

つまり「ルック・イースト」政策の目的は、トヨタの「かんばん方式」に象徴される技術や仕組みを学ぶだけではないのです。そういった技術や仕組みを生みだし、活用できる人材を育てた教育システムこそ取り入れなければならない、ということなのです。

もちろん先進国の首相であれば、現在の日本から学ぶのは「停滞した経済や世界一の少子高齢化社会からどう脱却していくか」といった点になるでしょう。しかし、マレーシアはまだまだ発展途上国。まずは戦後日本の成功を、要は「先進国になるための方法」を学びたいのではないでしょうか。日本の高度成長期の「アフター」ではなく「ビフォー」が、ちょうどいいモデルケースなのです。

これはどの国にもいえることですが、現状を無視して理想ばかりを追いかけても仕方がありません。例えば今の日本で「若者をどんどん増やし、もう一度モノづくりで高度成長を目指そう」といった議論をしてもリアリティーがないと思いませんか？　やはりある程度の少子高齢化を前提に、その社会でどのように経済を成長させていくかを考えなければならない。手持ちのカードを十分理解し、それを前提に議論しなければ、いい社会はつくれないのです。

第6章

小さい丸より大きい三角

これからは個性教育の時代

「偏差値」で大学を選んでいない？

ＡＰＵを含めて現在の日本の大学入試は、基本的に偏差値（学力）がベースとなっています。このため、残念ながら「学生の個性」と「大学の学風」との相性やマッチングは、ほとんど重視されていません。「これくらいの成績でこの地域ならこの大学が妥当」「滑り止めは自分の模試の偏差値より少し低いこの大学にしておこう」と、〝偏差値ありき〟で進路を選択している学生がほとんどだと思います。

しかしこうした受験システムのもとでは、「受験勉強が得意ではない学生」は評価されません。どれだけ個性的で特定の能力に秀でていても、テストで平均以上の点数が取れないと評価されないのです。

こうした学生の多くは「変わり者」のレッテルを貼られ、クラスの中で浮いてしまうことが多い。中にはそれが理由で不登校になる学生もいます。

そんな学生の個性を伸ばせない教育システムは、日本にとって大きな機会損失です。要は「スティーブ・ジョブズのような学生が生まれない教室」ということになりますからね。

だからこそAPUは、これまでの受験システムでは評価されにくい、ジョブズのようなユニークでイノベーティブな個性を持つ「尖った学生」をもっとたくさん受け入れたいのです。

大学側からの積極的な情報発信が大事

マクロ的に見れば、日本国内の若者の人口は猛スピードで減少に向かい、いまやほとんどの大学は「学生を選ぶ」のではなく、「学生に選ばれる立場」になっています。選ばれなければ定員割れになり、経営が成り立たなくなります。

もちろん東京大学や京都大学のように圧倒的に高いレベル、つまり日本一の偏差値の高さを誇る大学であれば話は別です。「こんな学生がほしい」とわざわざいわなくても、優秀でかつ学風にフィットする学生が自然と集まってくるでしょう。

しかし、大多数の大学ではそうはいきません。さらに、日本の若者人口が減少している現在では、「世界中の学生」から選んでもらえる大学にならなければ経営はより苦しくなっていきます。

だからこそ、大学側から学生に向けた「積極的な情報発信」が必要になると僕は考えています。「我々はこんな大学だ」「こんな卒業生を輩出していきたい」「だからこんな学生に来てほしい」――。国内はもちろん、世界に向けてアピールしていかなければならないのです。

その中でAPUは、「学生の半分が国際学生」というユニークさやダイバーシティにあふれた魅力的な教育環境をアピールし、それにのっとった入試改革を行うことで、さらに「尖った学生」や「チェンジメーカーになり得る学生」を呼び込んでいこうと考えています。

こうした情報が学生に届きさえすれば、これまでは偏差値しか頭になかった学生も「今まで何となく偏差値にあわせて○○大学を志望していたけれど、自分にはAPUが向いているかも」と、偏差値とは別の視点で大学を見てくれるはず。「学力的には東大や京大にも行けたけれど、学風との相性を考え、あえてAPUを選んだ」という学生もきっと現れるはずです。

もちろん、個性や相性だけで大学を選ぶのが唯一の正解だとは思っていません。学生にもタイプがあります。僕はいつも「東大かAPUかを選択できる世界」を作っていきたいと話しているのですが、それは大学を「偏差値で選ぶ人」（恐らく多数派。7割ぐらい）と「個性（学風）で選ぶ人」（少数派。3割ぐらい）で考える社会にしたいという思いを持っているからなのです。

日本の高校に「個性派コース」を用意してほしい

そこで僕の提案は、高校を「偏差値コース」と「個性派コース」の2つのコースに分けてほしいということです。「偏差値コース」は、今までと同じように教科書に準拠した学力を伸ばしていくための勉強を重視する。「個性派コース」はカリキュ

APUは個性派の受け皿に

「個性派」と呼ばれる子どもたち

変わり者　／　オタク　／　破天荒　／　変態

▼

APUには

既存の常識や価値観に合わせることなく、好きなことを思い切りやりながら学べる環境がある

ラムや偏差値を気にせず、好きなことだけを徹底して突き詰めるように指導するコースです。そして、偏差値コースの学生は東大をはじめとした難関校が受け皿となり、後者の学生はAPUが受け皿となる。

　つまり、大学の側でも偏差値型の「東大」と個性派型の「APU」の2パターンを用意するから、高校も2パターンのクラスで若者を育ててくださいということですね。

「個性派型」の学生は、「個性的」といわれるだけではなく、「変わり者」「オタク」「破天荒」「変態」などといった少しネガティブな印象を持つ言葉で語られますが、僕はむしろそんな学生を積極的に受け入れたい。僕は「個性派コース」のことを常日頃は「変態コース」と呼んでいるぐらいですから。

「個性」は誰しもある。それを「主張」しているかどうか

そもそも「個性」は「みんなが持っているもの」です。顔が全員違うように、中身も全員違う。すなわち、みんなが違うことが個性なのです。そんな中で個性が目立つのは、ただそれを堂々と〝主張〟しているかどうかだけ。つまり、「個性的な子ども」というのは、「何か殊特な才能がある子ども」ではなく、自分の持っているものを素直に表現している子どもであり、「個性がない子ども」は世の中に存在しないと思っています。

個性を主張している子どもは、「自分は自分でしかない」だから「自分は自分でいい」という強い自己肯定感を持っています。周りに遠慮して変に丸くなどなっていない。僕は常々、若い人たちに「小さい丸より、大きい三角であってほしい」と

話していきます。つまり、変に丸くなって個性を隠さないでほしい、と。けれども、現在の日本の教育では多くの子どもたちが学校生活をおくるなかで、「あれもダメ、これもダメ」と「尖った部分」を削られて丸くなっていきます。尖った部分を出さないように、出さないようにと自己規制して、無難な良い子の枠の中に収まってしまう。その方が、現在の同質圧力の強い日本社会の中では生きやすいかもしれませんが、とてももったいないことだと思います。

これからの学校は、尖った部分を丸くしない教育をすべきです。人間の活力は面積に比例するので、小さい丸より大きい三角の方がはるかに望ましいのです。実際、高校卒業までに丸くなってしまった学生も、ＡＰＵに入れば再び尖っていきます。ＡＰＵはそういった教育環境をつくることを重視していますし、なにより学生の半分が国際学生ですから、ある意味、ＡＰＵは日本の社会常識が全く通用しない世界です。常識が通用しないということは、これまでダメといわれていたことをやっていいということでもある。「人に合わせなくていいんだ」と気づき、自分を抑えることなく個性を主張できるシーンが増えていくわけです。

「やりたいこと」がなくても大丈夫

大学は学生の個性を伸ばすため、学生の「やりたい」ことを教職員がバックアップする場である、と様々なところで話していますが、それに対して「やりたいことが分からない学生はどうすればいいのか」という質問をよく受けます。

もちろん、初めから明確な目標を持って入学する学生ばかりではありません。入学時点ではやりたいことがよく分からない学生の方が恐らく多い。それでも、できるだけ在学中に夢中になれることを1つは見つけてほしいと願っています。そのためには、様々なことに自ら挑戦し、様々な経験をしてみることが一番でしょう。

その一環として、入学式の後に、APUではどんなことができるのかを伝える時間を別途設けています。通り一遍のカリキュラムの説明やオリエンテーションではなく、新入生にドキドキ、わくわくしてもらうための特別な時間です。何事も初めが肝心ですからね。

こんなにおもしろい講義がある。ユニークな先生がいる。課外コースがある。もちろんAPU起業部や留学制度も紹介します。APUにある、ありとあらゆる「おもしろい要素」を、先生や先輩が新入生に説明します。「みなさんが手を挙げて参加したら、学生生活はこんなに楽しくなるよ」「やりたいことにどんどんチャレンジしよう！」と伝えています。

「今いる場」で力を発揮する

僕はいろいろなことに手を出せば、いつかは本気で打ち込みたいものが見つかると思っています。ただ、矛盾するようですが、「やりたいことが見つからなくてもいい」とも思っています。死ぬまで見つからなくてもいい。「自分の持ち場で力を発揮できればそれでいい」と教えるのも、大人の大切な役割だと考えています。

実は、学長である僕自身、いまだに自分が何をやりたいかはもちろん、何に向いているのかもよく分かっていません。自己分析の類には一切興味がないし、適性だけでいえば恐らく、金融・保険や教育より、ツアーコンダクターの方が向いている気がします。ホテルオタクですし、レストランマニアですし、地理や歴史にも詳しい。ツアコンとしての能力は、僭越ながらかなり高いのではないでしょうか。現に20回近く、私的にツアコンを務めたこともあります。いずれも好評を博しました。

けれども、偶然、自分の持ち場となった生命保険に詳しかったから、定本となっている『生命保険入門（新版）』（岩波書店）を執筆できたし、ライフネット生命を立ち上げることができた。特に保険の仕事に向いていたわけではありませんが、そこまで一所懸命に保険のことを勉強する人も、保険の本を書く人もいなかったから、僕がその役割を担っただけの話です。

ちなみに『生命保険入門』を書くとき、調べ直したことは何一つありません。頭の中にあった材料だけで本をまとめました。最近の歴史関係の本もすべて同じです。こう話すと驚かれる人が多いのですが、30年間同じ業界で働いていて、調べないと本を書けない方がおかしいとは思いませんか？

僕はたまたま偶然が重なって日本生命に入社したとき、「この会社は一体どういう会社なんだろう」と思って、社史をすべて読むところから始めました。どういう経緯で、誰が、どんな思いを持って日本生命をつくったのか。自分の所属している組織の歴史を知るのは、僕にとって当たり前のことだったのです。歴史はいわば履歴書ですからね。そうした当たり前を30年間積み上げたことで、本を一冊書けるようになりました。ですから「向き・不向き」や「やりたい・やりたくない」ことをそれほど重視しなくても、今いる場で学び続けることが人生をおもしろくすると考えています。

ダーウィンが指摘したように、人生は「運と適応」です。強いものや賢いものが生き残るわけではありません。運（偶然）に適応したものだけが生き残ることができるのです。人間は川の流れに流されていくことしかできません。そして流れ着いたところ（今いる場、持ち場）で、精いっぱい適応して生きていくことしかできない動物なのです。

適応のキーワードは、好奇心と向学心。この2つがあれば、どこでも楽しく生きていけます。学長として、その自分のありのままの姿を学生たちに見せることで、「勉強」のおもしろさを伝えられればと思っています。

「志の連携」で個性を伸ばす

自発的に学んでいける習慣を身に付ける

丸くなってしまった学生でも再び尖った三角に戻すことができる、と先ほど書きました。けれども、それは大人になればなるほど難しくなります。脳科学的には、新しいものを素直に受容できるのは18、19歳ぐらいまでがピークといわれているのです。

だからこそ20歳になるまでに、好奇心の赴くままに行動し、自発的に学んでいく習慣を身に付けることが大切です。小中高大という学生時代の過ごし方が、人生に多大な影響を与えるのです。

そこで、ＡＰＵがこれから力を入れていきたいのが、高校と大学が互いに協力する

「高大連携」です。今までの高大連携は推薦入学の枠を与えるなど、正直、18歳人口が減る中での大学の「定員確保」の要素が多分にありました。しかしそれでは本質的な高大連携とはいえませんし、何よりおもしろくありません。

僕が考える高大連携は、「志」の連携です。子どもたちの個性を伸ばしたいと本気で考えている高校とAPUが、協定を結ぶ。修学旅行や課外学習でAPUに来てもらって、「交流」を深める。それを通して、個性豊かな学生たちにAPUのファンになってもらい、可能であれば進学してもらう。そうすれば、人生に好影響を与えるくらい、存分に個性を伸ばしてもらうことができると思うのです。

意欲的な教育をしている高校と連携

こうした高大連携については、既に高校への働きかけを始めています。意欲的な教育をしている高校を訪ね、校長先生と話をして、APUの同志になってほしいと打診しています。既に、かなりの高校から色よい返事を頂いており、2020年3月末時点で25校になりました。

例えば、北海道の私立・札幌新陽高校。校長の荒井優先生は民間企業出身の若き熱血漢で、いわゆる「荒れていた」高校を素晴らしい学校に生まれ変わらせた立役者です。「本気で挑戦する人の母校」というスローガンからも、北海道初のネット出願を試みていることからも、さらに高校自らクラウドファンディングに挑戦していることからも、APUと近い志を感じます。ちなみに、APUの2018年春の入学式で新入生総代に選ばれたのは札幌新陽高校の卒業生でした。

「この国の教育を変えていこう。偏差値で志望校を決める大学入試を変えていこう。尖ったおもしろい学生を育てよう」――。そんな思いのある高校とAPUが連携することで、今まで行き場のなかった「個性派」の子どもたちがもっともっと活躍できる世の中になる。そう信じて、まずは30校を目標に連携校を広げていきたいと思っています。

さらに、高大連携と同じく、企業との連携も進めていきます。これは決して、就職先の斡旋のためではありません。APUのような多様な文化環境で育った学生を採ることで企業文化を変えたいという、変革の志を持つ企業のファンをつくっていきたいのです。考え方は「高大連携」と全く同じです。

こうして高校と企業、つまり「入口」と「出口」の双方でしっかり連携を強めていくことが、ＡＰＵの改革につながると僕は考えています。

なぜか。仮にＡＰＵだけが素晴らしい大学になったとしても、それはただの「ユートピア」にすぎないからです。高校で個性が伸ばせず、社会でも活躍する場がなければ、「大学の4年間は楽しかった」だけで終わってしまいます。

まずは自分たちＡＰＵが変わり、同時に高校も企業も変えていく。入口と出口にしっかりとはしごをかけ、世の中とつなげる。そうして社会全体を少しずつ変えていくのが、僕の仕事だと思っています。

「出口」である日本企業も変わるべき

「出口」の面でいえば、最終的には、日本の企業文化、企業風土そのものを変えていかなければなりません。

まず変えるべきは、採用のシステム。いままでのように面接を重視し、前述した

5要素のある学生ばかりを採用していては、画期的なアイデアは生まれません。グローバル基準と同じく「大学の成績メイン」で採用すべきだと思います。

現在はまだ多くの企業が5要素を重視した面接を行っているものの、APUに採用活動に来られる企業の人事担当者と話をすると、現場ではそのやり方に危機感や違和感を持っている人が多いそうです。以前、一緒に食事をしたある上場企業の社長も、「今後は成績採用一本でいく」と明言されていました。

企業としても問題意識は十分にあるようですので、フットワークの軽い会社から採用基準も徐々に成績重視に変わっていくのではないかと期待しています。

「考える力」が足りない

「思考力」を重視した入試改革を実施

学長に就任して1年目の2018年秋、入試の方法を見直すためのプロジェクトを立ち上げました。よりAPUらしい学生に入学してもらい、個性を存分に発揮してもらうためです。

様々な議論を経て決まったのが、2021年度の入試から取り入れる次のような内容でした。

■一般選抜（現行の一般入試）では、大学入学共通テスト方式の「7科目型」「5科目型」で「数学Ⅰ・数学A」を必須化

■総合型選抜（現行のＡＯ入試）の評価において、国語、英語に加えて数学の履修要件を設定

■「世界を変える人材育成入試～ロジカル・フラワー・チャート入試～」を新たに設定。チャートを活用し、論理的思考やクリティカルシンキング（批判的思考力）を問う入試

■「国際バカロレア（ＩＢ）入試」を新たに設定。国際バカロレア（ＩＢ）のディプロマ（ＤＰ）の取得（または見込み）者を対象とする入試

■現行の英語基準ＡＯ入試に代えて、「国際バカロレア入試」や「活動実績アピール入試」「海外就学経験者（帰国生）入試」に英語基準の入試を設定

この中で特に大きな変更点は、一般選抜の大学入学共通テスト方式（現行のセンター試験方式）の一部で「数学」を必須にし、総合選抜の一部で数学の履修要件を設定したことです。

なぜ、数学なのか。数学はロジカルシンキング、すなわち「考える力」の元だか

らです。考える力がより一層求められるこれからの時代、「私は文系だから数学はできない」では、通用しない時代がやってくると考えたからです。

「考える力」が足りないという危機感

今後AI（人工知能）がさらに普及していくと、人間の仕事がどんどん奪われていくといわれています。僕は必ずしもそうは思いませんが、そんな時代で重要なのは何よりも「考える力」です。

「知識」がどれだけあっても「考える力」がなければ、知識を生かすことはできません。これはどれだけ新鮮な「材料」があっても、「クッキング能力（考えて料理を作る力）」がなければ「おいしい料理」ができないのと同じです。

以前は「知識を得ること」そのものに多大な労力が必要だった時代もありました。例えば、マルクスは大英博物館図書室に通い詰めなければ『資本論』を書けなかったのです。もちろん図書館に行ったとしても、欲しい情報が得られないことも少なくなかった。でも今は、インターネットで簡単に、家にいながらにして、ありとあらゆる情報を手に入れることができます。知識を得ることが簡単になっている。つまり、知識を入手することや蓄積すること自体には、それほど意味がなくなってきたのです。

そうなると必然的に、知識を活用する「考える力」の比重が高まります。「考える力」は、年齢に関係なく多くの日本人に「足りていない」と感じています。それはなぜか。これまでの学校教育が、「考える力」を身に付ける指導をしてこなかったからです。学校の先生は「これからは考える力や探求力、問いを立てる力を鍛える授業をしないといけない」といいつつも、現場でそれが実践できていないことに強い問題意識を持っています。

その校則、本当に必要？

しばらく前のことですが、名門校と呼ばれる高校に訪問したとき、そこの先生から「我々教師が探求心を鍛えるためには何をすべきでしょうか」という質問を受けました。僕はそこで「ここの校則はどうなっていますか？　服装は決まっていますか？」と尋ねました。「上は白のＹシャツ、下は男性が紺のズボン、女性が紺のスカートです」というので、「なぜ服装がそう決まっているのですか？　男性がスカートをはいてはダメですか？」とさらに聞くと、その先生は答えに詰まってしまいました。ズボンとスカートを生徒が自由に選んで何か不都合が生じるのでしょうか。

制服についての「なぜ？」に答えられないようでは、きっと他の校則についても答えられないでしょう。先生がこのような調子では、子どもたちに考える力を身に付けさせるのは難しい。自分自身が実践できていないのですから、「常識を疑え」「問いを立てろ」とはいえないはずです。

そのときは、先生方へ「まずは校則を一から読み直してみてはどうですか」とアドバイスしました。子どもたちから屁理屈をいわれたときに、「この校則は○○の理由で君たちのためになっている」と論理的に説得できないようであれば、それはパワハラだと考えて削除した方がいいですよ、と。

常識を疑い、問いを立てて、現状を見直す。それを大人たち自身ができてはじめて、子どもたちに「考える力」の教育ができるのだと思います。

また、今の話にも出てきましたが、「考える力」を身に付けるためには、「なぜ?」という問いを増やすことが大切です。「なぜ?」「どうして?」を繰り返して初めて考える力が身に付いていきます。

ただ、「考える経験」の足りない人は、いくら「なぜ?」と自分に問いかけてもうまく考えることができないでしょう。そんなときはまず、先人の「考える型」や「発想のパターン」をマネてみるところから始めてほしいと思います。料理で例えるなら、作ったことのない料理に挑戦するときは最初にレシピを見ますよね。自分の力だけでどうにかしようとはしないはず。

初めは基本的なところをマネてみて、そこから自分なりにアレンジしていけばいい。これは料理も考える力の鍛え方も同じです。

ダイバーシティ環境の共通テキストは「数字」

では、基本的な「考える型」とは何か。ベースにはなるのは、論理的な思考力、つまりロジカルシンキングです。ロジカルシンキングを学ぶためには、数学が欠かせない。だからこそ、APUは数学を重視しているわけですね。

さて、「論理的思考力＝数学的な考え方」というのは分かりやすいと思いますが、実は人とコミュニケーションを取るときにもこの思考はとても重要です。

テレビや新聞で政治家や専門家の話を見聞きしたときに、「いったい何を話しているんだろう？」と思ったことはありませんか。以前、日本の政策についての討論番組で「日本に足りないのは○○スピリットだ」などと意味のないキーワードを連呼している政治家がいましたが、そういう人を見ると本当にがっかりします。ロジカルさが全くありません。一方、海外の政治家や専門家は違います。「○○の調査による××というデータを見れば明らかなように、この先5年以内に△△といった施策が必要になる」などと説明が具体的です。

人はそれぞれ持っている知識や経験、常識や価値観が異なります。生まれた場所によって文化も違う。そんな人たちの集まりの中でコミュニケーションを取る場合は唯一、数字（データ）やファクト（事実）が共通テキストになります。客観的なデータや事実であれば、境遇や考え方が違う人たちでも、お互いに認め合うことができますから。そもそも、エビデンスに基づいていることは、知識基盤社会の基本中の基本なのです。

コミュニケーションを取るということは、自立した個人がお互いに議論し合って物事を決めていくということ。これは民主主義のベースとなる、大切な営為です。「考える力」、中でも「ロジカルシンキング」を鍛えるためには数学は欠かせません。そこを重要視しているからこそ、入試においても数学の力を求めていきたいと考えています。

改革を進め「志願者数」をさらに増やす

2023年を目指し、「新しい学部」を立ち上げる

２０００年の開学以来、20年間、ずっと「アジア太平洋学部」と「国際経営学部」の２学部体制でやってきたＡＰＵ。開学20年を迎え、大学としてそろそろ次の挑戦をしたい、またより広範な「知」を提供する場を目指したいと考え、学長就任２年目のタイミング（２０１９年１月）で新学部を具体的に検討するプロジェクトをスタートさせました。

多くの教職員や関係者も同じ思いだったようで検討はスムーズに進み、持続可能な地域開発と観光を学ぶ新しい学部を２０２３年に開設することを目指しています。当初は２０２２年の開設を予定していたのですが、新型コロナウイルス感染拡大の

影響で1年延ばすことにしました。

なお、開学20周年事業のフィナーレを飾る大ホームカミングデーも、２０２０年秋の開催を1年延ばして21年に行う予定です。

観光系の学部と聞くと、多くの人は「卒業したら旅行会社に入社する」といったイメージを持つかもしれませんが、そうではありません。これからの観光は、大水族館などのハコモノを新しく建設することではなく、地域の特色ある生活体験を共に楽しむことが主軸となるはずです。

つまり、持続可能な地域開発が観光そのものであり、持続可能な観光が地域開発そのものなのです。

別府・大分も九州も、新型コロナウイルスの影響で一時的にインバウンド客が大きく減少しています。こういった観光は持続可能ではありません。新型コロナウイルスのようなパンデミックはこれからも起こるでしょう。そんな自然界のサイクルに負けないような持続可能な地域開発、観光とは何かを、新学部を中心に真剣に考えていきたいと思っています。

APUの新しい学部は、「天」「地」「人」の利がある

なぜ観光系の学部なのか。

それは国や九州、大分県が協力してインバウンドに取り組んでいるという「天の時」、APUが温泉地である大分県の別府にあり、国連世界観光機関（UNWTO）観光教育認証「TedQual」を取得しているという「地の利」、そして地元の皆さんが喜んで支援してくださっているという「人の和」の3要素がそろっているからです。

また「地の利」としては、2019年8月に「インターコンチネンタル」ブランドのリゾートホテルとして「ANAインターコンチネンタルホテル別府リゾート＆スパ」が開業したことも大きいです。場所はなんと、APUの「お隣さん」。別府初の超高級ホテルができたわけですから、将来はきっと世界中のお金持ちが宿泊する一大リゾートとなるでしょう。

APUは、このインターコンチネンタルと連携する協議を重ねています。インター

コンチネンタルは世界中でホテルを運営しているだけではなく、その土地のリゾート開発も手がけている。もちろん、インバウンドについてもよく理解しています。

例えば、そんな観光事業のプロフェッショナルに、新学部の講師として来ていただく。一方で、地域開発学や観光学を学んだＡＰＵの学生が、世界中のインターコンチネンタルでインターンを行う。そんなぜいたくな取り組みができればと思っています。

ＡＰＵの新しい学部は、ゆくゆくはアジアや世界の人々にも大いに喜ばれることになると思います。アジア各国は、どこもインバウンド施策に力を入れています。ベトナム、カンボジア、インドネシア、タイ……。ありとあらゆる国が、リゾート開発などで人を集めようとしている。それらの国々から来た学生が、ＡＰＵにはたくさんいます。

ＡＰＵで地域開発学や観光学を学んだ学生たちが卒業後、母国のインバウンド施策で活躍する。そんな未来を想像すると、僕自身、胸が高鳴るのです。

日本の観光地はもっと稼げる

僕は若い頃から世界中を旅していて、ずっと「日本の観光地はもっと海外から学ぶべきだ」と考えていました。2000年代の前半には東京財団の地域おこしに関する研究会に所属し、1年間、地域開発や観光について学び、学術的な知見も得てきました。

地域おこしの原理原則はシンプルに述べれば「人口×単価」です。来る人をどうやって1人でも増やし（関係人口）、来た人にどうやって1円でも多くお金を落としてもらうか。本質は、極めて簡単な話でしょう。

僕が今の日本の観光地で特に工夫の余地があると感じるのが、観光客1人当たりの単価を上げることです。単価を上げるためには何が必要か。それは「時間」です。観光客の滞在時間が長くなればなるほど、観光地に落ちるお金は増えます。

その代表は、ガイド付きの生活体験ツアーです。例えば、地元の人と一緒に農作業を楽しむとか、陶磁器を焼くなど様々な形態が考えられます。

このほかにも、観光地の入り口で車を停めて、景色やお店などを見ながらできるだけ歩いてもらう。のんびりと一息つける店を増やす。子どもが泣いても気を使わないような場所をつくる。あるいは子どもを預かる。宿泊を前提としたイベントを行う――。滞在時間を増やす方法は様々ですが、いずれも地域全体で動線そのものを考える必要があります。

キャッシュレスをもっと浸透させることも重要です。一般的に、旅先では多額の現金を持ち歩かないもの。「せっかく来たんだし、ちょっと高いけど買ってしまおう」と思ってもらうためにも、キャッシュレス化が不可欠です。

日本の観光地は、もっともっと稼げます。地域開発と観光を合わせて学ぶ新しい学部を擁するAPUが、その旗振り役として、地域開発全体をデザインし、観光に適したシステムを設計できるリーダーを輩出したいと思っています。

2019年は「過去最高」の志願者数に

僕は、大学経営における最も重要なKPI（目標達成の指標）は「志願者数の増加」だと考えています。

これは飲食店と同じです。例えばラーメン店の評価は、端的にいえば「行列の長さ」といってもいいでしょう。いくら店主が「うちは素材にこだわっているし、スープも何十時間と煮込んでいる。だからどこよりもおいしい」と胸を張っても、店がガラガラだったら自己満足にしかなりません。「どれだけ人が集まるか」に、評価は表れるのです。

大学経営においては、本人が「APUに行きたい」といってくれて、親御さんが「あそこはええで」と応援してくれる大学を目指すことが何より大切です。つまり、「あの大学に行きたい！」と多くの若者に思ってもらえることがこのうえない勲章なのです。

それを示すのが「志願者数」になるわけですが、おかげさまでここ数年、APUの志願者数は急増しています。2017年度の入試志願者数（国内学生）は2485人でしたが、2018年度入試で4112人に、2019年度入試では開学以来最高の5236人に達しました。残念ながら2020年度入試では4348

人にとどまりましたが、僕は3歩前進、2歩後退と考えています。2020年度の志願者数は、偏差値の上昇など様々な影響を受け、前年度より少なくなりましたが、志願者の質は着実に上昇していることを実感しています。

今後も学生や保護者、教育関係者に選んでもらえる魅力ある大学を目指して日々改革、改善に努めていきたいと思っています。

世間一般の「いい子ども」と真逆の子がもっと増えるといい

「協調性がない」と心配しなくていい

「協調性がない」「親のいうことを聞かない」「周りから浮いてしまう」。そんな子どもに手を焼いている親御さんは、少なくないそうです。

しかし、僕から見たら、将来とても有望な子どもに思えます。そういう子どもの中からジョブズのような人材が現れるわけで、しっかりと自分の頭で考えさせて、好きなことをとことんやらせればいいのです。「問題児」なんて、とんでもない。

これまでの教育は、製造業の工場モデルに過剰適応した「いい人材」をつくろうと努めてきました。それは教育者だけではなく親も同じで、いわゆる「いい子ども」

を育てることを一つの目標にしていたのです。
いったいどんな子どもが「いい子ども」で「いい人材」か。

①「学校の成績がいい（偏差値が高い）」
②「素直である」
③「我慢強い」
④「協調性が高い」
⑤「先生（目上の人）に従う。先生のいうことをよく聞く」

前述したように、この5要素がそろった人材です。こういうタイプの子どもは親や先生に褒められ、社会に出てからも「なかなかええやつやないか」といわれます。何でも上司のいうことを聞いて、よく働きますからね。

確かにこの5要素を持つ人材がいないと社会は維持できませんし、そもそも素直さや勤勉さが持ち味の人もいます。それはそれでいい。ただ、今までの社会のように、全員がこの5要素を目指す必要はありません。工場モデルにフィットした水平的同質性を目指す教育は、もはや時代遅れです。むしろ、全く逆を目指す子どもがもっと増えたほうがいいと思います。

では、「いい子ども」の5要素を「全く逆」にするとどうなるか。

①「(学校の成績を上げることよりも)好きなことに夢中になる」
②「(社会常識や先生のいうことを素直に受け取らず)何でも疑う」
③「(我慢しないで)やりたいことをやる」
④「(周りに合わせずに)自分の道を進む」
⑤「(先生のいうことに従わずに)おかしいと思ったことはおかしいと口にする」

どうでしょう、一見すると問題児のようにも見えますが、自分をしっかり持っている頼もしい子どもとも考えられますよね。少なくとも、イノベーションを生む人材や世の中を変えるチェンジメーカーは「全く逆」のタイプであることには間違いありません。こういう「問題児」にはぜひ、APUに来てほしい。いま、生きづらさや窮屈さを感じているのであれば、なおさらです。

もし、この本をお読みのみなさんのお子さまがこういうタイプなら、あるいはこうした尖った個性を持って世界に羽ばたいてほしいと願うのであれば、ぜひAPUに遊びにおいでください。「百聞は一見に如かず」ですから。

放って置かれたから、成長できた

尖った個性を持つ子どもを育てるには、「好きなことを徹底的にやらせて、失敗しても怒らない。むしろその挑戦をたたえる」しかありません。

好きに行動させたら、多くの場合は、まず失敗します。でも、そこで叱っても意味がない。心理学の研究でもはっきりしていますが、叱っても人は絶対に伸びません。むしろ萎縮して自ら行動を制限するようになり、成長が止まります。

子どもの決断や行動を認めて、褒める、たたえる。それだけで、執着力、探求心、くじけない力、自己肯定感といった偏差値では測ることのできない「非認知能力」

が高まります。これは大人になってもずっと役に立つ力です。

振り返ると僕もかなりの「問題児」だったと思います。高校生になってもつまらない授業があると、イスを反対にして先生に背中を向けて図書館から借りてきた本を読んでいましたからね。定期テストでは「こんなアホな問題に答えが書けるか」と書いて提出したこともあります。今にして思えば、しょうもないことで先生を困らせて悪かったなと反省しきりです。本当にアホな子どもやったんやな、と。

そんな僕の態度に、親が学校に呼び出されたこともありましたが、ついには先生も「こんなやつに付き合ってはいられない」と放って置いてくれるようになりました。

日本生命に入社しても、僕のこうした姿勢は変わりませんでした。「自分がやるべき仕事」と腹落ちしないものは、上司から頼まれても断っていました。

当時の僕は、相当に「問題児」だったのでしょう。29歳のときに大阪から東京へ転勤する際、課長から「オマエは仕事はできるけれど、わがままはいいかげんにしといた方がええで」と注意されたほどです。「オマエが嫌がった仕事は、人のいい次長がオマエの代わりにやっているやないか。申し訳ないと思わへんのか」と。そういわれても、態度を改めることはなかったのですが。

僕が幸運だったのは、本当に素晴らしい上司に恵まれて、キャリアのほとんどを通して「放し飼い」にされたことです。「こいつは好き勝手にやらせた方がいい」と上司に思ってもらえたのでしょう。

よく僕のような人間が、日本生命という大企業で30年以上勤められたなと思います。でも、だからこそ、今の僕がある。好きにさせてくれた上司には心底感謝しています。そのおかげで、今こうして、心から素晴らしいと思えるAPUの学長として、社会全体を少しでも変えるために日々奮闘できるのですから。

おわりに

実は今、人影の消えたＡＰＵ大学構内の学長室でこれを書いています。２０２０年４月、新型コロナウイルス感染拡大により、全国で緊急事態宣言が出されたので、ＡＰＵでも「休校」「授業開始日は5月7日、かつ上半期の授業は全てオンライン化」「出勤は必要最小限、原則はテレワークとオンライン会議」という方針を定めて懸命に対処しています。

事態は刻々と変化しており、収束がいつになるかは誰にも分かりません。ただ僕は、パンデミックが収束した後の世界については中長期的に楽観しています。人類の歴史を振り返ると、どんなパンデミックもいつかは必ず終わります。そして新しい世界（ニューノーマル）が開かれます。

14世紀のペスト禍はルネサンスを生みました。現在、多くの企業や大学がテレワークやオンライン授業にチャレンジしています。社会のＩＴリテラシーは間違いなく格段に高まるでしょう。日本でも、真の働き方改革が実現するのではないでしょうか。

また、今回のパンデミックは、あらためて人々にリーダーの重要性を認識させたのではないかと思います。コロナウイルスに対する人類共通の課題は、次の3点です。①「命を守るためのＳｔａｙ Ｈｏｍｅ」、②「①を支える医療従事者などキーワーカー（エッセンシャルワーカー）への感謝と支援」、③「①は収入減をもたらすので社会的弱者に対する『緊急』の再配分政策の設計」。

この3点について世界のリーダーが必死になって取り組んでいます。また、その姿がＳＮＳによって世界中に拡散されているのです。

この経験を通して、今後は人々がこれまでより真剣にリーダーを選ぶようになる。その結果、投票率が上昇し、民主主義が健全に機能するようになることを期待しています。現に韓国の総選挙では投票率が大幅に上昇しました。

リーダーだけではありません。社会の成熟度も同時に試されています。フランスでは、外出禁止令が出された3月18日の直後から、医療従事者が帰宅する20時頃に住民がベランダに出て拍手で迎える動きがＳＮＳで始まり、あっという間にイタリアやスペイン、アメリカやタイなどへ広まりました。

ロンドンの友人によると、医療支援ボランティアを募ったところ25万人の募集に対して3日で75万人が殺到したそうです。残念ながら日本では医療従事者への差別が起きましたが、今こそ最前線で奮闘している医療従事者をはじめとするキーワーカーに、社会全体がエールを贈るときだと思います。知識は力です。買い占めやキーワーカーへの差別は無知から生じます。

当面は、人の移動を抑制しているわけですから、グローバリゼーションには一定の歯止めがかかります。APUは日本で一番国際化が進んでいる大学です。そのことは、同時にパンデミックによる影響をどこよりも受けるということを意味しています。しかし、中長期的に見ればグローバリゼーションはより進展するでしょう。

世界の連帯は強まっています。各国の中央銀行は緊密に、かつ素早く連携して行動し、金融市場の崩壊をある程度まで押し留めました。また、G20は途上国の債務の弁財を繰り延べました。EUでは、感染者の多い国の医療崩壊を防ぐために重症患者を他国に運んで治療したり、感染の少ない国の人が感染の多い国へボランティアとして入ったりしています。

歴史上のこれまでのパンデミックは、例外なく、グローバリゼーションを加速させました。お互いが結び付くことで豊かになった世界が、歴史に逆行することはないと信じます。人類はウイルスに「グローバルな信頼と連帯」を試されているのです。

＊　＊　＊

本書を通して教育や社会の在り方について考えるきっかけとなったのであれば、とてもうれしく思います。ただ、ＡＰＵの改革はすべてが「道半ば」です。「個性派」「問題児」の学生から唯一無二の大学として選ばれ、世界で活躍するチェンジメーカーを輩出し、圧倒的な存在感を示せるようになって初めてＡＰＵの改革は成功したといえるでしょう。今はまだその第一歩目を踏み出したに過ぎません。

しかも、一つの改革が成功してもまた次、その次とＡＰＵの挑戦は永遠に続きます。たとえ僕が任期を終えても、世代交代があっても、終わることはないでしょう。

挑戦を恐れない、停滞を忌避するマインドこそがＡＰＵの真髄なのですから。

世界の未来をつくる学生たちが遺憾なくその力を発揮できる、魅力あるＡＰＵをつくるために。これからも学長として、全力を尽くしていきたいと思います。

最後になりましたが、この本が生まれたのは編集者の日野なおみさんと上岡隆さん、ライターの田中裕子さん、ＡＰＵ学長室の大滝夏美さんのおかげです。本当にありがとうございました。そして、本書を手に取ってくださったすべての皆さま、ありがとうございます。皆さまの忌憚のないご意見をお待ちしています。

（宛先）hal.deguchi.d@gmail.com

２０２０年４月　　ＡＰＵ学長　出口治明

出口治明（でぐち はるあき）

立命館アジア太平洋大学（APU）学長
学校法人立命館副総長・理事
ライフネット生命保険株式会社創業者

1948年、三重県美杉村（現・津市）生まれ。1972年、京都大学法学部卒業後、日本生命入社。ロンドン現地法人社長、国際業務部長などを経て2006年退職。同年、ネットライフ企画（株）を設立し、代表取締役社長に就任。2008年、ライフネット生命保険に社名を変更。12年上場。10年間社長、会長を務める。2018年1月より現職。『生命保険入門 新版』（岩波書店）、『全世界史（上、下）』（新潮文庫）、『人類5000年史（I～III）』ちくま新書）、『0から学ぶ「日本史」講義（古代篇／中世篇）』（文藝春秋）、『哲学と宗教全史』（ダイヤモンド社）など著書多数。

『ここにしかない大学　APU学長日記』

2020年5月25日　第1版第1刷発行

【著者】出口治明
【発行者】伊藤暢人
【発行】日経BP
【発売】日経BPマーケティング
〒105-8308　東京都港区虎ノ門4-3-12
https://business.nikkei.com/
【編集協力】田中裕子（batons）
【編集】上岡隆
【デザイン・制作】鈴木大輔・仲條世菜（ソウルデザイン）
【印刷・製本】大日本印刷株式会社

https://nkbp.jp/booksQA
ISBN 978-4-296-10143-6